いっしょに探検！日本の伝統文化と芸術

三

能《のう》・狂《きょう》言《げん》・歌《か》舞《ぶ》伎《き》を探《たん》検《けん》！

監修　文京学院大学外国語学部非常勤講師　稲田和浩

もくじ

第《だい》1章《しょう》 能《のう》

第《だい》2章《しょう》 狂言《きょうげん》

第《だい》3章《しょう》 歌《か》舞《ぶ》伎《き》

おまけの探検《たんけん》

古《ふる》くから受《う》けつがれてきた
日本《にっぽん》の文化《ぶんか》や芸術《げいじゅつ》って、
どんなものがあるんだろう？
いっしょに探検《たんけん》してみよう！

第《だい》1章《しょう》

能《のう》

能《のう》は、音楽《おんがく》（はやし）に合《あ》わせて役者《やくしゃ》が舞《ま》い、物語《ものがたり》を演《えん》じる、日本独《にっぽんどく》自《じ》の舞台芸術《ぶたいげいじゅつ》です。

古《ふる》くからあるおしばいなんだって。

ふーん、おもしろそう。

クイズ1

能《のう》を演《えん》じるときに使《つか》うものはどれ？

12ページを見《み》よう。

1 かさ

2 面《めん》

3 人形《にんぎょう》

クイズ 2

能《のう》を演《えん》じる舞台《ぶたい》の正面《しょうめん》おくの板《いた》にかかれているのは何《なん》の絵《え》？

10ページを見《み》よう。

写真提供：横浜能楽堂

1 つる

2 月《つき》

3 松《まつ》

クイズ 3

能《のう》の指導法《しどうほう》や極意《ごくい》を書《か》いた『風姿花伝《ふうしかでん》』の著者《ちょしゃ》としても知《し》られる、この人《ひと》はだれ？

正法寺所蔵　写真提供：佐渡市

14ページを見《み》よう。

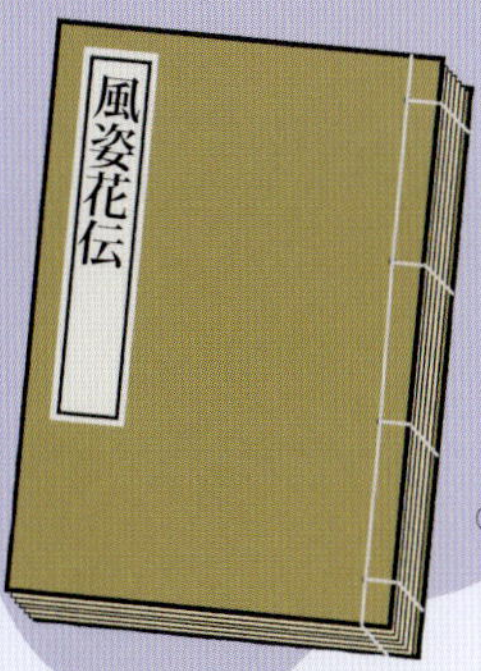

1 世阿弥《ぜあみ》

2 千利休《せんのりきゅう》

3 藤原定家《ふじわらのさだいえ》

能《のう》ってなに？

能《のう》は、古《ふる》くからあった芸能《げいのう》をもとに、室町時代《むろまちじだい》に大成《たいせい》されました。

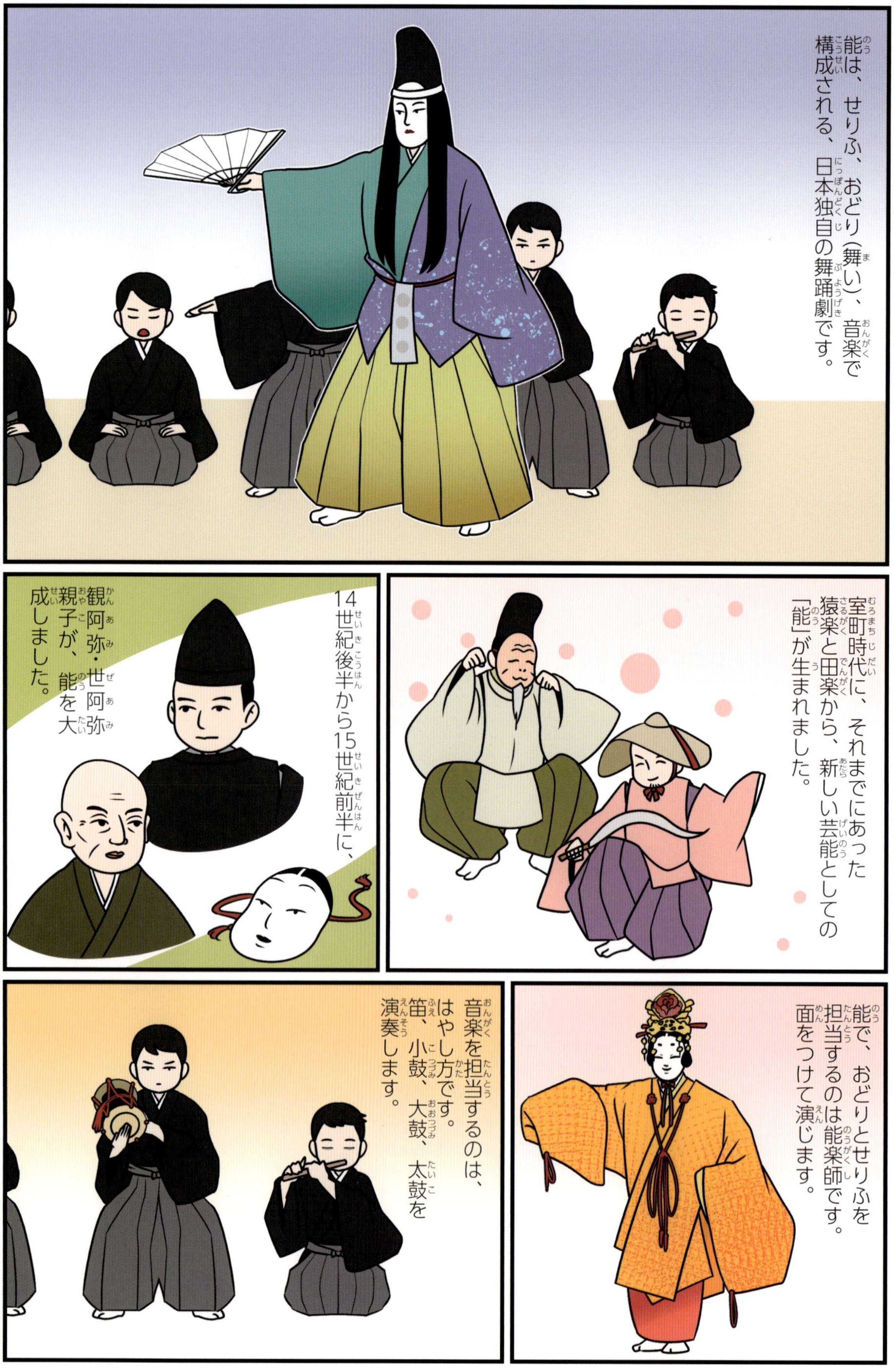
能《のう》は、せりふ、おどり（舞《ま》い）、音楽《おんがく》で構成《こうせい》される、日本独自《にっぽんどくじ》の舞踊劇《ぶようげき》です。

室町時代《むろまちじだい》に、それまでにあった猿楽《さるがく》と田楽《でんがく》から、新《あたら》しい芸能《げいのう》としての「能《のう》」が生まれました。

14世紀後半《せいきこうはん》から15世紀前半《せいきぜんはん》に、観阿弥《かんあみ》・世阿弥《ぜあみ》親子《おやこ》が、能《のう》を大成《たいせい》しました。

能《のう》で、おどりとせりふを担当《たんとう》するのは能楽師《のうがくし》です。面《めん》をつけて演《えん》じます。

音楽《おんがく》を担当《たんとう》するのは、はやし方《かた》です。笛《ふえ》、小鼓《こつづみ》、大鼓《おおつづみ》、太鼓《たいこ》を演奏《えんそう》します。

ミニ情報

猿楽《さるがく》は、奈良時代《ならじだい》に中国《ちゅうごく》から伝《つた》わった、曲芸《きょくげい》や手品《てじな》などをする芸能《げいのう》の散楽《さんがく》がもとになった。田楽《でんがく》は農民《のうみん》が田植《たう》えのときなどに演《えん》じる芸能《げいのう》のこと。それぞれ、「猿楽《さるがく》の能《のう》」、「田楽《でんがく》の能《のう》」とよばれた。

地謡《じうたい》が、能楽師《のうがくし》のせりふに合《あ》わせてうたいます。

幽玄《ゆうげん》
能面《のうめん》をつけ、能装束《のうしょうぞく》（衣装《いしょう》）を着《き》て演《えん》じられる能《のう》の美《び》は、「幽玄《ゆうげん》の美《び》（優雅《ゆうが》な美《び》）」（→14ページ）とたたえられます。

室町時代《むろまちじだい》の能楽師《のうがくし》たちによって、約《やく》2000もの演目《えんもく》がつくられたといわれています。

演目《えんもく》の多《おお》くは、死者《ししゃ》の霊《れい》が登場《とうじょう》して生前《せいぜん》のことを語《かた》る内容《ないよう》で、「夢幻能《むげんのう》」とよばれます。

これに対《たい》して、実際《じっさい》に生《い》きている人《ひと》がえがかれた演目《えんもく》は「現在能《げんざいのう》」とよばれます。

「夢幻能《むげんのう》」には、この世《よ》に未練《みれん》やうらみを残《のこ》した霊《れい》などが登場《とうじょう》します。

能《のう》は、このような世界《せかい》をえがくことで、死《し》を自然《しぜん》なものとして受《う》け入《い》れる考《かんが》えを表《あらわ》しているといわれます。

独特《どくとく》の世界《せかい》をえがいているんだね。

ミニ情報

鎌倉時代後期《かまくらじだいこうき》に猿楽《さるがく》や田楽《でんがく》を演《えん》じて見《み》せる専門《せんもん》の集団《しゅうだん》ができた。このような集団《しゅうだん》を「座《ざ》」という。大和国《やまとのくに》（奈良県《ならけん》）にあった4つの猿楽《さるがく》の座《ざ》が後《のち》の能《のう》・狂言《きょうげん》を演《えん》じる集団《しゅうだん》のもとになった。

能《のう》の題材《だいざい》と役者《やくしゃ》を探検《たんけん》！

現在演《げんざいえん》じられる能《のう》の演目《えんもく》は約《やく》250で、その多《おお》くは、日本《にっぽん》の古典文学《こてんぶんがく》を題材《だいざい》にしています。また、主役《しゅやく》や相手役《あいてやく》、音楽《おんがく》を演奏《えんそう》する役《やく》などで進《すす》められます。

古典文学《こてんぶんがく》が題材《だいざい》

能《のう》の題材《だいざい》の多《おお》くは、『伊勢物語《いせものがたり》』、『源氏物語《げんじものがたり》』、『平家物語《へいけものがたり》』、『今昔物語集《こんじゃくものがたりしゅう》』、『義経記《ぎけいき》』など、能《のう》が始《はじ》まったころから見《み》て古典《こてん》にあたる文学作品《ぶんがくさくひん》からとられています。

『源氏物語《げんじものがたり》』を題材《だいざい》にした能《のう》の「葵上《あおいのうえ》」　© 公益社団法人能楽協会

「夢幻能《むげんのう》」と「現在能《げんざいのう》」

能《のう》は、大《おお》きく「夢幻能《むげんのう》」と「現在能《げんざいのう》」に分《わ》けることができます。霊《れい》が夢《ゆめ》の中《なか》に現《あらわ》れて、その場所《ばしょ》で昔起《むかしお》こった物語《ものがたり》を聞《き》かせたり、身《み》の上話《うえばなし》を聞《き》かせたりする話《はなし》を「夢幻能《むげんのう》」といいます。これに対《たい》し、実際《じっさい》に生《い》きている人《ひと》だけが登場《とうじょう》する話《はなし》を「現在能《げんざいのう》」といいます。

夢幻能《むげんのう》のひとつ、「清経《きよつね》」　© 公益社団法人能楽協会

正式《せいしき》な能《のう》は「五番立《ごばんだて》」で

能《のう》は、正式《せいしき》には主役《しゅやく》の役柄《やくがら》によって5つに分《わ》けた演目《えんもく》から1つずつ選《えら》び、その間《あいだ》に狂言《きょうげん》をはさみながら上演《じょうえん》します。これを「五番立《ごばんだて》」といいます。現在《げんざい》は、五番立《ごばんだて》が行《おこな》われることはほとんどありません。

五番立《ごばんだて》の構成《こうせい》

初番目物《しょばんめもの》
初《はじ》めに演《えん》じられる能《のう》。主役《しゅやく》が神《かみ》で、世《よ》の中《なか》の平和《へいわ》などを祈《いの》る、おめでたい内容《ないよう》の演目《えんもく》。

二番目物《にばんめもの》
二番目《にばんめ》に演《えん》じられる能《のう》。主役《しゅやく》が武将《ぶしょう》の演目《えんもく》。戦《たたか》いに敗《やぶ》れて死《し》んだ武将《ぶしょう》が、供養《くよう》してもらうことを求《もと》める。

三番目物《さんばんめもの》
三番目《さんばんめ》に演《えん》じられる能《のう》。主役《しゅやく》が女性《じょせい》などの演目《えんもく》。亡《な》くなった女性《じょせい》の霊《れい》や、草木《くさき》の精霊《せいれい》などが現《あらわ》れて供養《くよう》を求《もと》める、優美《ゆうび》な能《のう》。

四番目物《よばんめもの》
四番目《よばんめ》に演《えん》じられる能《のう》。主役《しゅやく》がほかの演目《えんもく》に入《はい》らないもの。現在能《げんざいのう》が多《おお》い。

五番目物《ごばんめもの》
最後《さいご》に演《えん》じられる能《のう》。主役《しゅやく》が鬼《おに》や天狗《てんぐ》で、活発《かっぱつ》な能《のう》が多《おお》い。

ミニ情報　能《のう》では、シテ方《かた》とワキ方《かた》の役割《やくわり》がはっきり分《わ》かれていて、シテ方《かた》の人《ひと》がワキ方《かた》を務《つと》めたりすることはない。はやし方《かた》も同《おな》じで、自分《じぶん》が受《う》け持《も》つ楽器以外《がっきいがい》を演奏《えんそう》することはない。

演者《えんじゃ》の役割《やくわり》

能《のう》では主役《しゅやく》のシテのほか、ワキ、ツレなどの役《やく》があります。また、歌《うた》などをうたう役割《やくわり》の地《じ》謡《うたい》がいます。はやし方《かた》は、笛《ふえ》やつづみなどの楽器《がっき》で演奏《えんそう》します。

シテ（主役《しゅやく》）

能《のう》では主役《しゅやく》をシテといいます。物《もの》語《がたり》の最《もっと》も重要《じゅうよう》な役《やく》を演《えん》じます。シテはひとりだけで、面《めん》をつけ、ごうかな衣装《いしょう》を着《き》て、舞《ま》い、うたいます。シテの役者《やくしゃ》のグループをシテ方《かた》といいます。

ワキ

初《はじ》めに登場《とうじょう》して、この物語《ものがたり》がどういう世界《せかい》をえがいているのかを説明《せつめい》します。面《めん》はつけず、素顔《すがお》で現《あらわ》れます。僧《そう》、山伏《やまぶし》、旅人《たびびと》など現実《げんじつ》の人《ひと》で、観客《かんきゃく》の代表《だいひょう》のような立場《たちば》です。ワキを務《つと》める役者《やくしゃ》のグループをワキ方《かた》といいます。

地謡《じうたい》

歌《うた》、せりふ、ナレーションを担当《たんとう》します。4人《にん》ずつ2列《れつ》に並《なら》び、シテ（主役《しゅやく》）の気持《きも》ちや情《じょう》景《けい》などを表現《ひょうげん》します。シテ方《かた》が務《つと》めます。節《ふし》をつけて歌《うた》うものを「謡《うたい》」といいます。

はやし方《かた》

能《のう》のはやし（音楽《おんがく》）を担当《たんとう》する人《ひと》たちです。舞台《ぶたい》の後方《こうほう》に横一列《よこいちれつ》に並《なら》んで演奏《えんそう》します。笛《ふえ》、小鼓《こつづみ》、大鼓《おおつづみ》、太鼓《たいこ》の4人《にん》で構成《こうせい》されます。

後見《こうけん》

シテの手助《てだす》けをします。舞台《ぶたい》の左後方《ひだりこうほう》に座《すわ》り、シテに扇《おうぎ》などを手《て》わたしたり、衣装《いしょう》を直《なお》したりします。通常《つうじょう》は2人で、3人《にん》の場合《ばあい》もあります。シテ方《かた》が務《つと》めます。

ミニ情報 はやし方《かた》は4種類《しゅるい》の楽器《がっき》を使《つか》うことから「能《のう》の四拍子《しびょうし》」といわれる。楽器《がっき》を演奏《えんそう》するときは「ヤ」、「ハ」、「ヨーイ」、「イヤー」というかけ声《ごえ》をかける。これは、演者《えんじゃ》への合図《あいず》になる。

能《のう》舞《ぶ》台《たい》を探《たん》検《けん》！

能《のう》が演《えん》じられる舞《ぶ》台《たい》を能《のう》舞《ぶ》台《たい》といいます。

能舞台《のうぶたい》のつくり

能《のう》は、もともとは屋外《おくがい》で演《えん》じられていたため、舞台《ぶたい》に屋根《やね》がついています。現《げん》在《ざい》は能舞台《のうぶたい》ごと建物《たてもの》の中《なか》につくられ、能《のう》楽堂《がくどう》とよばれます。

能楽堂《のうがくどう》の舞台《ぶたい》は、正面《しょうめん》からだけでなく、横《よこ》やななめ横《よこ》からも見《み》ることができるつくりになっている（横浜能楽堂《よこはまのうがくどう》）。

写真提供：横浜能楽堂

❶脇柱《わきばしら》
向《む》かって右手前《みぎてまえ》の柱《はしら》。

❷笛柱《ふえばしら》
向《む》かって右《みぎ》おくの柱《はしら》。

❸仕手柱《してばしら》
本舞台《ほんぶたい》の左《ひだり》おくの柱《はしら》。

❹後見柱《こうけんばしら》
後座《あとざ》（❼）の左《ひだり》おくの柱《はしら》。

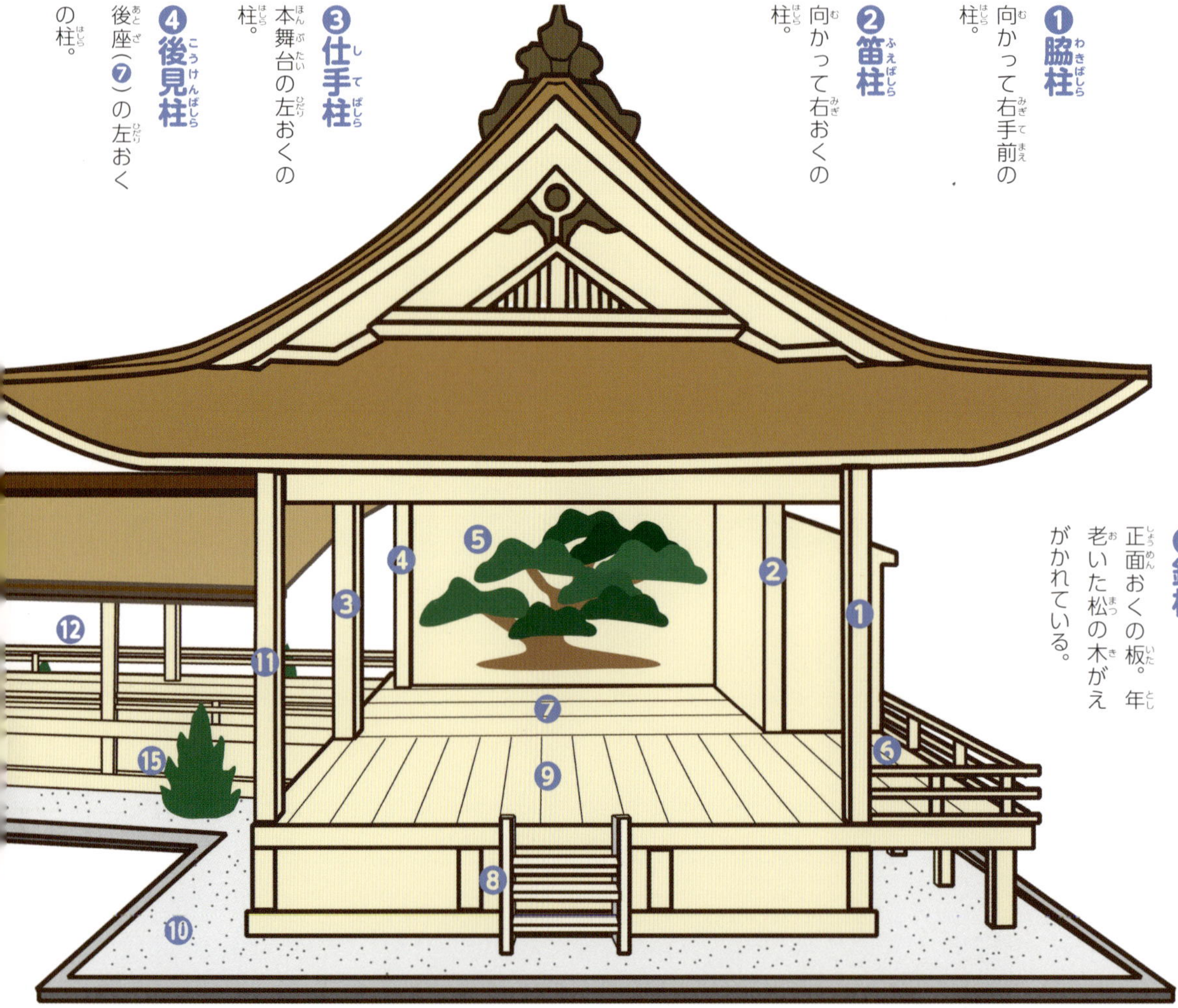

❺鏡板《かがみいた》
正面《しょうめん》おくの板《いた》。年《とし》老《お》いた松《まつ》の木《き》がえがかれている。

❻地謡座《じうたいざ》
地謡《じうたい》が座《すわ》る場所《ばしょ》。前後《ぜんご》2列《れつ》に4人《にん》ずつ座《すわ》る。6人《にん》の場《ば》合《あい》もある。

❼後座《あとざ》
はやし方《かた》と後見《こうけん》がいる場所《ばしょ》。

❽きざはし
本舞《ほんぶ》台《たい》の中央《ちゅうおう》にある短《みじか》い階段《かいだん》。白州《しらす》ばしごともいう。

❾本舞台《ほんぶたい》
能舞台《のうぶたい》の中心《ちゅうしん》の正《せい》方形《ほうけい》の部分《ぶぶん》。

❿白州《しらす》
白《しろ》い石《いし》をしきつめたところ。能舞台《のうぶたい》が屋外《おくがい》にあったころのなごり。

ミニ情報
能舞台《のうぶたい》には、客席《きゃくせき》との間《あいだ》をしきるカーテンのような幕《まく》はない。始《はじ》まるときには、観客《かんきゃく》の見《み》ている前《まえ》で、何《なに》もない舞台《ぶたい》にはやし方《かた》や地謡《じうたい》が現《あらわ》れ、決《き》まった位置《いち》につく。

鏡《かがみ》の間《ま》は、シテが面《めん》をつけて出番《でばん》を待《ま》つ場《ば》所《しょ》。大《おお》きな鏡《かがみ》がある。

「鏡の間」津村禮次郎　© TOSHIRO MORITA
写真出典：the 能ドットコム（https://www.the-noh.com/jp/）

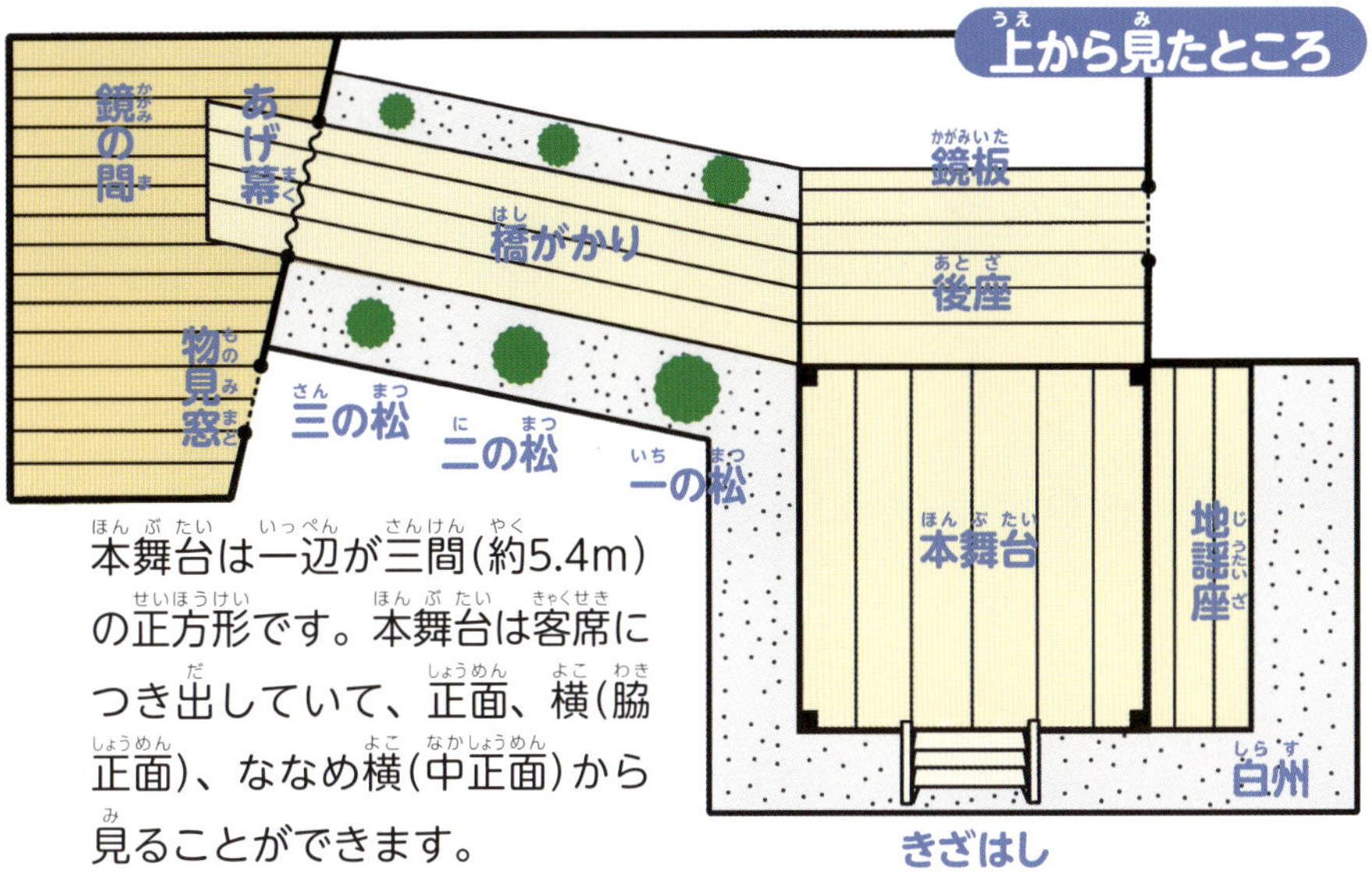

本舞台《ほんぶたい》は一辺《いっぺん》が三間《さんけん》（約《やく》5.4m）の正方形《せいほうけい》です。本舞台《ほんぶたい》は客席《きゃくせき》につき出《だ》していて、正面《しょうめん》、横《よこ》（脇《わき》正面《しょうめん》）、ななめ横《よこ》（中正面《なかしょうめん》）から見《み》ることができます。

⑪目付柱《めつけばしら》
向《む》かって左手前《ひだりてまえ》の柱《はしら》で、面《めん》をつけている人《ひと》が方向《ほうこう》を確認《かくにん》する目印《めじるし》になる。

⑫橋《はし》がかり
本舞台《ほんぶたい》から左《ひだり》ななめ後《うし》ろにのびている廊下《ろうか》のような場所《ばしょ》。本舞台《ほんぶたい》への登場《とうじょう》、本舞台《ほんぶたい》からの退場《たいじょう》のときにここを通《とお》る。

⑬あげ幕《まく》
楽屋《がくや》である「鏡《かがみ》の間《ま》」と橋《はし》がかりの間《ま》にかかる5色《しょく》の幕《まく》。

⑭物見窓《ものみまど》
あげ幕《まく》の横《よこ》のかべにある窓《まど》。楽屋《がくや》である「鏡《かがみ》の間《ま》」から舞台《ぶたい》や客席《きゃくせき》の様子《ようす》を見《み》る。「奉行窓《ぶぎょうまど》」ともいう。

⑮一《いち》の松《まつ》
本舞台《ほんぶたい》にいちばん近《ちか》い松《まつ》。

⑯二《に》の松《まつ》
一《いち》の松《まつ》の向《む》かって左《ひだり》の松《まつ》。

⑰三《さん》の松《まつ》
あげ幕《まく》にいちばん近《ちか》い松《まつ》。
一《いち》の松《まつ》が最《もっと》も大《おお》きく、三《さん》の松《まつ》が最《もっと》も小《ちい》さい。遠《とお》くのものほど小《ちい》さく見《み》える遠近法《えんきんほう》を利用《りよう》して、おくゆきを表《あらわ》している。

屋外《おくがい》で演《えん》じられる薪能《たきぎのう》

夏《なつ》の夜《よる》などに、屋外《おくがい》に舞台《ぶたい》をつくって能《のう》が行《おこな》われることもあります。たきぎ（かがり火《び》）をたくことから、「薪《たきぎ》能《のう》」とよばれます。

たきぎ能《のう》の様子《ようす》。屋外《おくがい》につくられた舞台《ぶたい》の上《うえ》で演《えん》じられる。

© 公益社団法人能楽協会

ミニ情報　能《のう》のシテ（主役《しゅやく》）が準備《じゅんび》をする鏡《かがみ》の間《ま》は神聖《しんせい》な場所《ばしょ》とされている。演目《えんもく》「翁《おきな》」を演《えん》じるときは、鏡《かがみ》の間《ま》に神《かみ》だなをつくり、もちや塩《しお》をそなえる。

能《のう》の道具《どうぐ》を探検《たんけん》！

能《のう》では、役柄《やくがら》によって決《き》まった面《めん》や冠《かんむり》をつけます。簡単《かんたん》な舞台道具《ぶたいどうぐ》を使《つか》う演目《えんもく》もあります。

能面《のうめん》

能《のう》では、役柄《やくがら》に応《おう》じた面《めん》があります。基本《きほん》となるのは約《やく》60種類《しゅるい》です。上向《うわむ》きにすると明《あか》るい表情《ひょうじょう》を、下向《したむ》きにすると悲《かな》しい表情《ひょうじょう》を表《あらわ》すことができます。面《めん》をつけないことは、「直面《ひためん》」といいます。

写真：金沢能楽美術館
尾山神社蔵

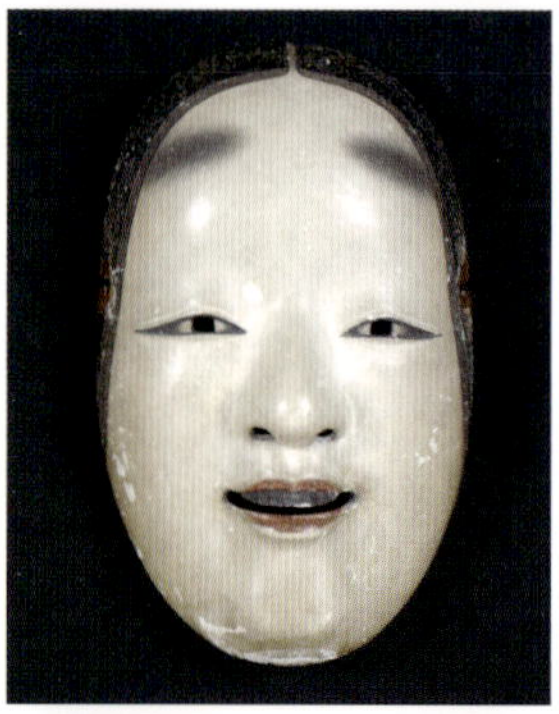

小面《こおもて》

若《わか》い女性《じょせい》の役《やく》のときにつける面《めん》。髪《かみ》を真《ま》ん中《なか》で分《わ》け、ほおがふっくらしている。

般若《はんにゃ》

角《つの》が生《は》え、髪《かみ》が乱《みだ》れ、目《め》が金《きん》色《いろ》の面《めん》で、鬼《おに》になった女性《じょせい》の心《こころ》を表《あらわ》している。

小尉《こじょう》

神様《かみさま》が老人《ろうじん》になって現《あらわ》れる時《とき》などにつける面《めん》。「尉《じょう》」は、老人《ろうじん》の面《めん》であることを表《あらわ》す。

白式尉《はくしきじょう》・黒式尉《こくしきじょう》

演目《えんもく》「翁《おきな》」（→17ページ）でつける。顔《かお》の部分《ぶぶん》とあごの部分《ぶぶん》が分《わ》かれ、ひもで結《むす》ばれている。

大癋見《おおべしみ》

下《した》あごに力《ちから》を入《い》れて、口《くち》をかたく結《むす》んだ顔《かお》の鬼神面《きしんめん》（癋見《べしみ》）のうち、主《おも》に天狗役《てんぐやく》で用《もち》いる面《めん》。

輪冠《わかんむり》

頭《あたま》にのせる金色《きんいろ》の冠《かんむり》です。月《つき》、きつね、つる、かめなど、役柄《やくがら》に合《あ》わせた輪冠《わかんむり》があります。金属製《きんぞくせい》か、金箔《きんぱく》をはってつくられています。

演目《えんもく》「羽衣《はごろも》」の牡丹《ぼたん》のついた輪冠《わかんむり》

舞台道具《ぶたいどうぐ》

能《のう》ではあまり舞台道具《ぶたいどうぐ》を使《つか》いませんが、竹《たけ》と布《ぬの》でつくった「作《つく》り物《もの》」とよばれる簡素《かんそ》な道具《どうぐ》を使《つか》う場合《ばあい》があります。その道具《どうぐ》で、舟《ふね》などの乗《の》り物《もの》や、塚《つか》などを表《あらわ》します。

竹《たけ》わくと白《しろ》い布《ぬの》の本体《ほんたい》の前後《ぜんご》に半円《はんえん》の竹《たけ》をつけ、舟《ふね》を表《あらわ》す。

「土蜘蛛《つちぐも》」という演目《えんもく》で、くもの巣《す》をかたどり、くもの精霊《せいれい》がいる塚《つか》を表《あらわ》す。

ミニ情報　能面《のうめん》は「おもて」ともいう。顔《かお》を上向《うわむ》きにして明《あか》るい表情《ひょうじょう》にすることを「テラス」、顔《かお》を下向《したむ》きにして悲《かな》しい表情《ひょうじょう》にすることを「クモラス」という。

役柄《やくがら》と装束《しょうぞく》

能《のう》では演《えん》じる役柄《やくがら》によって、装束《しょうぞく》（衣装《いしょう》）が決《き》まっています。能《のう》の装束《しょうぞく》は、もともと室町《むろまち》時代《じだい》のころの人々《ひとびと》が着《き》ていたものでしたが、ししゅうや金銀《きんぎん》の箔《はく》をほどこすなど、しだいにごうかになっていきました。

© 公益社団法人能楽協会

天人《てんにん》

天人がはおる「長絹《ちょうけん》」という上着《うわぎ》には、天女《てんにょ》の羽《は》衣《ごろも》に見立《みた》てた文様《もんよう》がある。頭《あたま》には、「天冠《てんかん》」というはなやかなかざりの冠《かんむり》をのせる。

武将《ぶしょう》

はおった「長絹《ちょうけん》」が、よろいをつけていることを表《あらわ》す。長絹《ちょうけん》の右肩《みぎかた》をぬいでいると、戦《たたか》っていることを表《あらわ》す。

© 公益社団法人能楽協会

神様《かみさま》

横《よこ》に広《ひろ》がる「大口《おおくち》」というはかまをつけ、「狩《かり》衣《ぎぬ》」という上着《うわぎ》の、裏地《うらじ》のあるものをはおる。

© 公益社団法人能楽協会

鬼《おに》

頭《あたま》につけるかつらを「仮髪《かはつ》」という。鬼《おに》は、赤毛《あかげ》で長《なが》い「赤頭《あかがしら》」という仮髪《かはつ》をつける。仮髪《かはつ》には、ほかに黒頭《くろがしら》、白頭《しろがしら》などがある。

© 公益社団法人能楽協会

扇《おうぎ》

能役者《のうやくしゃ》が舞台《ぶたい》に出《で》るときは、みな扇《おうぎ》をもっています。舞《ま》うときには、手《て》にもった扇《おうぎ》を広《ひろ》げます。扇《おうぎ》には絵柄《えがら》でいろいろな種類《しゅるい》があり、役柄《やくがら》によって使《つか》い分《わ》けます。

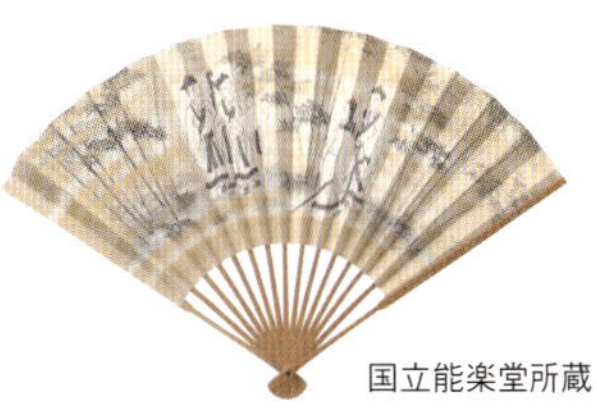

国立能楽堂所蔵

尉扇《じょうおうぎ》

僧役《そうやく》、老人《ろうじん》の役《やく》がもつ扇《おうぎ》。中《ちゅう》国風《ごくふう》の絵柄《えがら》がかかれている。

修羅扇《しゅらおうぎ》

武将役《ぶしょうやく》がもつ扇《おうぎ》。勝《か》ち修羅扇《しゅらおうぎ》と負《ま》け修《しゅ》羅扇《らおうぎ》がある。波《なみ》にしずむ夕日《ゆうひ》の絵《え》があるのは負《ま》け修羅扇《しゅらおうぎ》。

国立能楽堂所蔵

翁扇《おきなおうぎ》

演目《えんもく》「翁《おきな》」で、翁役《おきなやく》がもつ扇《おうぎ》。仙人《せんにん》が住《す》むという蓬莱山《ほうらいさん》の絵《え》がかいてある。

国立能楽堂所蔵

ミニ情報 古《ふる》い時代《じだい》には貴族《きぞく》や身分《みぶん》の高《たか》い武士《ぶし》の着物《きもの》を能《のう》の装束《しょうぞく》にしていたが、後《のち》に能専用《のうせんよう》の装束《しょうぞく》がつくられるようになった。最《もっと》もごうかな能装束《のうしょうぞく》は、女性役《じょせいやく》の上着《うわぎ》に用《もち》いられる「唐織《からおり》」。

能《のう》の歴史《れきし》を探検《たんけん》！

現在《げんざい》につながる能《のう》を大成《たいせい》したのは、観阿弥《かんあみ》・世阿弥《ぜあみ》の親子《おやこ》とされています。その後《ご》も、能《のう》は受《う》けつがれ、日本《にっぽん》の伝統芸能《でんとうげいのう》として今《いま》も上演《じょうえん》されています。

観阿弥《かんあみ》と世阿弥《ぜあみ》が現在《げんざい》の能《のう》のもとをつくったんだね。

散楽《さんがく》から猿楽《さるがく》へ

奈良時代《ならじだい》に、唐《とう》（中国《ちゅうごく》）から散楽《さんがく》という芸能《げいのう》が伝《つた》わりました。散楽《さんがく》は曲芸《きょくげい》などを見《み》せるもので、その後《ご》、猿楽《さるがく》とよばれるようになりました。

いっぽう、平安時代中期《へいあんじだいちゅうき》には、農村《のうそん》で田楽《でんがく》という芸能《げいのう》が行《おこな》われ、能《のう》のもとのひとつになりました。

散楽《さんがく》の様子《ようす》

正宗敦夫 編『舞圖：信西古樂圖』, 日本古典全集刊行會 ,1929.
国立国会図書館デジタルコレクション
https://dl.ndl.go.jp/pid/1085928 (参照 2025-02-13)

観阿弥《かんあみ》が新《あたら》しい能《のう》をはじめる

室町時代《むろまちじだい》に、大和国《やまとのくに》（現在《げんざい》の奈良県《ならけん》）の猿楽《さるがく》師《し》だった観阿弥《かんあみ》が、農村《のうそん》で行《おこな》われていた田楽《でんがく》の要素《ようそ》を猿楽《さるがく》に取《と》り入《い》れて、新《あたら》しく能《のう》を始《はじ》め、大成《たいせい》させました。

観阿弥《かんあみ》の像《ぞう》　名張市

世阿弥《ぜあみ》が能《のう》の演目《えんもく》をつくる

観阿弥《かんあみ》の子《こ》どもの世阿弥《ぜあみ》が、観阿弥《かんあみ》の作風《さくふう》をさらに進《すす》め、『源氏物語《げんじものがたり》』や和歌《わか》などの古典《こてん》に学《まな》び、「夢幻能《むげんのう》」という形式《けいしき》や「序《じょ》・破《は》・急《きゅう》（導《どう》入《にゅう》、展開《てんかい》、完結《かんけつ》）」の構成《こうせい》を生《う》み出《だ》し、多《おお》くのすぐれた演目《えんもく》をつくりました。また、能《のう》を論《ろん》じた『風姿花伝《ふうしかでん》』や『花鏡《かきょう》』などの書物《しょもつ》を著《あらわ》しました。

世阿弥《ぜあみ》の像《ぞう》　正法寺所蔵　写真提供：佐渡市

世阿弥《ぜあみ》が論《ろん》じた「幽玄《ゆうげん》」と「花《はな》」

世阿弥《ぜあみ》は能《のう》を論《ろん》じた書物《しょもつ》、『風姿花伝《ふうしかでん》』の中《なか》で、見《み》る人《ひと》の心《こころ》をつかむ演劇《えんげき》の美《び》を、「幽玄《ゆうげん》」、「花《はな》」と表現《ひょうげん》しています。

「幽玄《ゆうげん》」は、優雅《ゆうが》な美《び》であり、それを舞台《ぶたい》で表《あらわ》し、観客《かんきゃく》に感動《かんどう》をあたえることが「花《はな》」であるといいます。また、「秘《ひ》すれば花《はな》なり、秘《ひ》せずば花《はな》なるべからず（秘密《ひみつ》にすれば花《はな》となり、秘密《ひみつ》にしないと花《はな》にはならない）」とも述《の》べています。

ミニ情報　世阿弥《ぜあみ》（1363～1443年）は能役者《のうやくしゃ》でもあり、能作家《のうさっか》でもあった。幼《おさな》いころから室町幕府三代将軍《むろまちばくふさんだいしょうぐん》、足利義満《あしかがよしみつ》たちにかわいがられていた。

武士《ぶし》の芸能《げいのう》になる

江戸時代《えどじだい》になると、能《のう》は武士《ぶし》の芸能《げいのう》として幕府《ばくふ》や大名《だいみょう》たちに保護《ほご》され、能楽師《のうがくし》は幕府《ばくふ》や藩《はん》にめしかかえられました。

江戸城《えどじょう》には能舞台《のうぶたい》がつくられ、めでたいことがあると、町人《ちょうにん》たちもまねかれて能《のう》を鑑賞《かんしょう》することができました。

江戸城《えどじょう》で行《おこな》われた能《のう》

「町人能図」（法政大学能楽研究所蔵）

寺子屋《てらこや》で謡《うたい》を教《おし》える

江戸時代《えどじだい》には、能《のう》の「謡《うたい》（謡曲《ようきょく》）」をうたうことが裕福《ゆうふく》な町人《ちょうにん》たちの間《あいだ》で流行《りゅうこう》しました。子《こ》どもたちが学《まな》んだ寺子屋《てらこや》でも、「読《よ》み、書《か》き、そろばん」と並《なら》んで謡《うたい》のけいこが行《おこな》われることもありました。

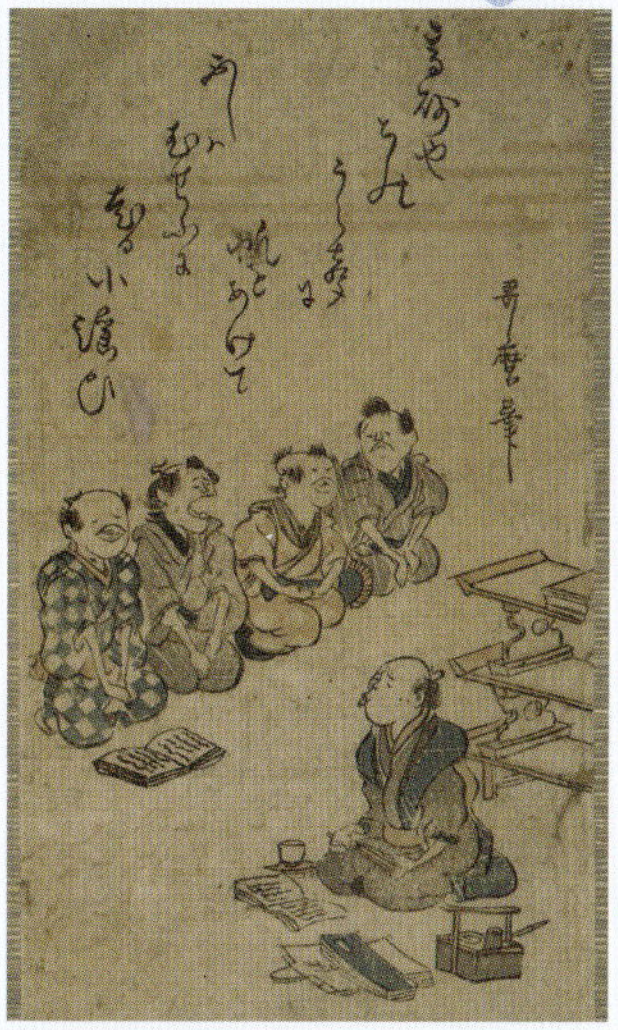

寺子屋《てらこや》で謡《うたい》をけいこするこども。

「寺子屋小謡図版画」
（法政大学鴻山文庫蔵）

能《のう》の流派《りゅうは》

観阿弥《かんあみ》と世阿弥《ぜあみ》の後《あと》、大和猿楽《やまとさるがく》が能《のう》の主流《しゅりゅう》となり、そこからいくつかの流派《りゅうは》に分《わ》かれました。シテ方《かた》、ワキ方《かた》など、それぞれに流派《りゅうは》があり、シテ方《かた》では、現在《げんざい》まで5大流派《だいりゅうは》が続《つづ》いています。

シテ方《かた》の5大流派《だいりゅうは》

- 観世流《かんぜりゅう》
- 宝生流《ほうしょうりゅう》
- 喜多流《きたりゅう》
- 金春流《こんぱるりゅう》
- 金剛流《こんごうりゅう》

明治時代《めいじじだい》に復活《ふっかつ》

明治時代《めいじじだい》になると、幕府《ばくふ》や大名《だいみょう》の保護《ほご》がなくなったため、能《のう》は一時《いちじ》おとろえました。しかし、1876（明治《めいじ》9）年《ねん》に、明治天皇《めいじてんのう》の前《まえ》で初演《しょえん》された天覧能《てんらんのう》によって勢《いきお》いを取《と》りもどしました。

第二次世界大戦直後《だいにじせかいたいせんちょくご》の混乱期《こんらんき》にも打撃《だげき》を受《う》けましたが、日本《にっぽん》の伝統文化《でんとうぶんか》として海外《かいがい》にも紹介《しょうかい》されるなど、現在《げんざい》まで受《う》けつがれています。

1878(明治《めいじ》11)年《ねん》に行《おこな》われた天覧能《てんらんのう》の様子《ようす》

「青山御所能舞台演能図」（法政大学能楽研究所蔵）

ミニ情報　世阿弥《ぜあみ》が書《か》いた『風姿花伝《ふうしかでん》』は、父《ちち》の観阿弥《かんあみ》から教《おし》えられたことをもとにしたもの。7歳《さい》から50歳《さい》までの年齢《ねんれい》ごとのけいこの心構《こころがま》えや、「幽玄《ゆうげん》の美《び》」についての解説《かいせつ》などが書《か》かれている。

能《のう》を鑑賞《かんしょう》しよう！

能《のう》にはたくさんの演目《えんもく》があります。代表的《だいひょうてき》な演目《えんもく》を鑑賞《かんしょう》してみましょう。

羽衣《はごろも》

天《てん》から降《お》りてきた天女《てんにょ》が、水浴《みずあ》び中《ちゅう》に羽衣《はごろも》を人間《にんげん》にかくされて天《てん》に帰《かえ》れなくなってしまうという「羽衣伝説《はごろもでんせつ》」を題材《だいざい》にしています。天女《てんにょ》は伝説《でんせつ》では人間《にんげん》の妻《つま》になりますが、能《のう》では羽衣《はごろも》を返《かえ》してもらい、天《てん》に帰《かえ》ります。

天女《てんにょ》の羽衣《はごろも》を表《あらわ》す「長絹《ちょうけん》」という上着《うわぎ》を着《き》て舞《ま》う。

ある朝《あさ》、三保《みほ》の松原《まつばら》に住《す》む漁師《りょうし》の白龍《はくりょう》は、松《まつ》の枝《えだ》にかかった美《うつく》しい衣《ころも》を見《み》つけ、家《いえ》に持《も》ち帰《かえ》ろうとします。そこへ現《あらわ》れた天女《てんにょ》が、「それは自分《じぶん》のものだから返《かえ》してほしい」といいます。白龍《はくりょう》は心《こころ》を動《うご》かされ、「舞《ま》いを見《み》せてもらう代《か》わりに衣《ころも》を返《かえ》す」というと、天女《てんにょ》は衣《ころも》を着《つ》けて美《うつく》しく舞《ま》い、富士山《ふじさん》のほうに舞《ま》い上《あ》がります。

天女《てんにょ》は、天上《てんじょう》の世界《せかい》の人《ひと》であることを示《しめ》す輪冠《わかんむり》をつけている。

道成寺《どうじょうじ》

紀州《きしゅう》（和歌山県《わかやまけん》）の道成寺《どうじょうじ》にまつわる伝説《でんせつ》をもとにした演目《えんもく》です。落《お》ちてくる鐘《かね》にシテ（主役《しゅやく》）が飛《と》びこむなどの見《み》せ場《ば》がたくさんあります。鐘《かね》が落《お》ちたり、つり上《あ》げられたりと、空間《くうかん》を垂直方向《すいちょくほうこう》に使《つか》う演目《えんもく》です。

うらみをいだいて死《し》んだ女《おんな》の霊《れい》が現《あらわ》れ、後半《こうはん》でへびに姿《すがた》を変《か》える。

道成寺《どうじょうじ》には、昔《むかし》、うらみをいだいた女《おんな》がへびに変身《へんしん》してうらみの相手《あいて》の男《おとこ》を寺《てら》の鐘《かね》ごと焼《や》き殺《ころ》すというできごとがありました。その鐘《かね》が再興《さいこう》された日《ひ》に現《あらわ》れた女《おんな》が、舞《ま》いを舞《ま》いながら鐘《かね》に近《ちか》づき、鐘《かね》を落《お》としてその中《なか》に入《はい》ってしまいます。僧《そう》たちがいのり、鐘《かね》を引《ひ》き上《あ》げると、鐘《かね》の中《なか》から女《おんな》が変身《へんしん》したへびが現《あらわ》れます。へびはほのおで自分《じぶん》の身《み》を焼《や》き、近《ちか》くの日高川《ひだかがわ》に飛《と》びこんで消《き》えていきます。

舞台《ぶたい》の中央《ちゅうおう》に鐘《かね》がつり下《さ》げられている。

ミニ情報 ワキ方《かた》の流派《りゅうは》には、宝生流《ほうしょうりゅう》、福王流《ふくおうりゅう》、高安流《たかやすりゅう》の３つがある。そのほか、はやし方《かた》の笛方《ふえかた》、小鼓方《こつづみかた》、大鼓方《おおつづみかた》、太鼓方《たいこかた》にもそれぞれ流派《りゅうは》がある。

隅田川《すみだがわ》

愛《あい》するわが子《こ》をさらわれ、正気《しょうき》を失《うしな》ってしまった母親《ははおや》が登場《とうじょう》します。このような女性《じょせい》が登場《とうじょう》する演目《えんもく》はいくつかあります。夫《おっと》や子《こ》どもと引《ひ》きはなされた女性《じょせい》が精神《せいしん》を病《や》んでしまうものの、愛《あい》する人《ひと》に再会《さいかい》して正気《しょうき》を取《と》りもどす話《はなし》が多《おお》いのですが、「隅田川《すみだがわ》」は、子《こ》どもに会《あ》えず、悲《かな》しい物語《ものがたり》になっています。

© 公益社団法人能楽協会

船頭《せんどう》が亡《な》くなった少年《しょうねん》の話《はなし》をくわしくすると、女《おんな》はそれがわが子《こ》であると確信《かくしん》せざるを得《え》なくなり、泣《な》き出《だ》す。

ある春《はる》の日《ひ》、隅田川《すみだがわ》の舟《ふね》のわたし場《ば》に、子《こ》どもをさらわれ正気《しょうき》を失《うしな》った女《おんな》が、子《こ》どもを探《さが》しにやってきます。女《おんな》が舟《ふね》に乗《の》ると、船頭《せんどう》が、一年前《いちねんまえ》にこの場所《ばしょ》で梅若丸《うめわかまる》という少年《しょうねん》が亡《な》くなり、今日《きょう》はその一周忌《いっしゅうき》だと語《かた》ります。女《おんな》はそれが自分《じぶん》の子《こ》だとさとり、梅若丸《うめわかまる》をほうむった塚《つか》に行《い》き、その前《まえ》で念仏《ねんぶつ》を唱《とな》えます。すると、梅若丸《うめわかまる》の亡霊《ぼうれい》が現《あらわ》れますが、母《はは》がだきしめようとするとその手《て》をすりぬけ、やがて消《き》えていきます。

持《も》っているささは、正気《しょうき》を失《うしな》っていることを表《あらわ》している。　© 公益社団法人能楽協会

翁《おきな》

「翁《おきな》」は能《のう》の中《なか》で特別《とくべつ》な演目《えんもく》です。能《のう》が完成《かんせい》する前《まえ》の古《ふる》い芸能《げいのう》の形《かたち》が残《のこ》っていると考《かんが》えられます。物語《ものがたり》らしい物語《ものがたり》はなく、天下泰平《てんかたいへい》などをいのる舞《ま》いが行《おこな》われます。神聖《しんせい》な演目《えんもく》とされ、正月《しょうがつ》やお祝《いわ》いの会《かい》など、おめでたいもよおしのはじめに上演《じょうえん》されます。

翁《おきな》は舞台上《ぶたいじょう》で面《めん》をつけ、神《かみ》に変身《へんしん》する。　© 公益社団法人能楽協会

千歳《せんざい》という役《やく》が舞《ま》ったあと、翁《おきな》の役《やく》が登場《とうじょう》し、舞台《ぶたい》の上《うえ》で、翁《おきな》の面《めん》をつけます。面《めん》をつけることにより、神《かみ》に変身《へんしん》したことを表《あらわ》します。翁《おきな》は世《よ》の中《なか》が平和《へいわ》であることを願《ねが》う謡《うたい》をうたい、舞《ま》いを見《み》せます。そのあと、翁《おきな》は面《めん》をとって、千歳《せんざい》とともに退出《たいしゅつ》していきます（流派《りゅうは》によっては千歳《せんざい》は退出《たいしゅつ》しない）。そのあと、三番叟《さんばそう》という役《やく》が舞《ま》いを舞《ま》います。

翁《おきな》が退場《たいじょう》したあと、三番叟《さんばそう》の役《やく》が登場《とうじょう》して舞《ま》いを舞《ま》う。

© 公益社団法人能楽協会

ミニ情報

能《のう》のひとつの演目《えんもく》の上演時間《じょうえんじかん》は 60 ～ 90 分《ぷん》。前半《ぜんはん》と後半《こうはん》が分《わ》かれているものを二場物《にばもの》、分《わ》かれないものを一場物《いちばもの》ということがある。

敦盛《あつもり》

源氏《げんじ》との一《いち》の谷《たに》の合戦《かっせん》で、若《わか》くして戦死《せんし》した平敦盛《たいらのあつもり》を題材《だいざい》にした演目《えんもく》です。敦盛《あつもり》は笛《ふえ》の名手《めいしゅ》でもありました。敦盛《あつもり》を討《う》ち取《と》った武将《ぶしょう》で、今《いま》は僧《そう》になっている蓮生《れんしょう》の心情《しんじょう》をえがいた話《はなし》となっています。

© 公益社団法人能楽協会

蓮生《れんしょう》の前《まえ》に草刈《くさか》りの男《おとこ》たちが現《あらわ》れ、ひとりだけ残《のこ》る。

一《いち》の谷《たに》の合戦《かっせん》で敦盛《あつもり》を討《う》ち取《と》った源氏《げんじ》の武将《ぶしょう》、熊谷直実《くまがいなおざね》は、世《よ》の無常《むじょう》を感《かん》じ、蓮生《れんしょう》と名乗《なの》る僧《そう》になって敦《あつ》盛《もり》の供養《くよう》のために一《いち》の谷《たに》を訪《おとず》れました。そこに笛《ふえ》の音《ね》がして男《おとこ》たちが現《あらわ》れます。そのうちの一人《ひとり》が「自分《じぶん》は敦盛《あつもり》に縁《えん》のある者《もの》で、経《きょう》をあげてほしい」と言《い》って姿《すがた》を消《け》します。その夜《よる》、蓮生《れんしょう》が敦盛《あつもり》の供養《くよう》をしていると、敦盛《あつもり》の霊《れい》が現《あらわ》れます。敦盛《あつもり》は、「以《い》前《ぜん》は敵味方《てきみかた》だったが今《いま》は友《とも》である」といい、いくさのときなどの話《はなし》をしたあと、蓮生《れんしょう》に供養《くよう》をたのんで消《き》えていきます。

敦盛《あつもり》の霊《れい》が現《あらわ》れ、蓮生《れんしょう》に昔《むかし》のできごとなどを語《かた》る。

© 公益社団法人能楽協会

葵上《あおいのうえ》

平安時代《へいあんじだい》の長編小説《ちょうへんしょうせつ》『源氏物語《げんじものがたり》』を題材《だいざい》とした演目《えんもく》です。葵上《あおいのうえ》は、『源氏物語《げんじものがたり》』の主人公《しゅじんこう》である光源氏《ひかるげんじ》の正妻《せいさい》で、もののけ(悪《わる》さをする霊《れい》)に取《と》りつかれている設定《せってい》ですが、葵上《あおいのうえ》は登場《とうじょう》せず、舞台手前《ぶたいてまえ》に置《お》かれた着物《きもの》で表現《ひょうげん》されます。

© 公益社団法人能楽協会

舞台《ぶたい》の正面手前《しょうめんてまえ》に置《お》かれている小袖《こそで》(着物《きもの》)が、もののけに取《と》りつかれて苦《くる》しんでいる葵上《あおいのうえ》を表《あらわ》している。

苦《くる》しむ葵上《あおいのうえ》のために、もののけの正体《しょうたい》をあばくことになり、みこ(神様《かみさま》に仕《つか》える女性《じょせい》)がよばれました。そして現《あらわ》れたのが、源氏《げんじ》の恋人《こいびと》である六条御息所《ろくじょうのみやすんどころ》の霊《れい》でした。六条御息所《ろくじょうのみやすんどころ》は、しっとのあまり、霊《れい》となって葵上《あおいのうえ》を苦《くる》しめていたのです。そこで、強《つよ》い法力《ほうりき》(仏教《ぶっきょう》の修行《しゅぎょう》で得《え》た力《ちから》)をもつ横川《よかわ》の小聖《こひじり》がよばれます。小聖《こひじり》がいのると六条御息所《ろくじょうのみやすんどころ》のしっと心《しん》が鬼《おに》となって現《あらわ》れ、葵上《あおいのうえ》と小聖《こひじり》をおそいます。激《はげ》しい戦《たたか》いの末《すえ》、小聖《こひじり》の法力《ほうりき》がまさり、六条御息所《ろくじょうのみやすんどころ》の霊《れい》は成《じょう》仏《ぶつ》します。

六条御息所《ろくじょうのみやすんどころ》のしっと心《しん》が鬼《おに》の姿《すがた》となって現《あらわ》れる。

© 公益社団法人能楽協会

ミニ情報
能《のう》の演目《えんもく》の多《おお》くは室町時代《むろまちじだい》につくられたが、その後《ご》も新《あたら》しい作品《さくひん》がつくられてきた。20世紀《せいき》にも創作《そうさく》が行《おこな》われ、歴史《れきし》や西洋《せいよう》の文化《ぶんか》、社会問題《しゃかいもんだい》など、さまざまな題材《だいざい》の演目《えんもく》が上演《じょうえん》されている。

井筒《いづつ》

平安時代《へいあんじだい》に書《か》かれた歌物語《うたものがたり》『伊勢物語《いせものがたり》』にある「筒井筒《つついづつ》」という話《はなし》をもとにした演目《えんもく》です。幼《おさな》いころからなれ親《した》しんで結《むす》ばれた男女《だんじょ》のうち、女《おんな》の霊《れい》が夢《ゆめ》に現《あらわ》れて昔《むかし》を思《おも》い出《だ》すという幻想的《げんそうてき》な能《のう》です。世阿弥《ぜあみ》の作品《さくひん》で、世阿弥《ぜあみ》自身《じしん》も最上級《さいじょうきゅう》の作品《さくひん》である(「上花也《じょうかなり》」)と述《の》べています。

© 公益社団法人能楽協会

井筒《いづつ》(井戸《いど》の周《まわ》りの囲《かこ》い)を表《あらわ》す舞台道具《ぶたいどうぐ》が使《つか》われる。

女《おんな》が、業平《なりひら》の形見《かたみ》の衣《ころも》などを着《き》て、業平《なりひら》を思《おも》いながら舞《ま》う。

旅《たび》の僧《そう》が、大和国《やまとのくに》(奈良県《ならけん》)の在原寺《ありわらでら》に立《た》ち寄《よ》ります。そこに里《さと》の女《おんな》が現《あらわ》れ、在原業平《ありわらのなりひら》と紀有常《きのありつね》の娘《むすめ》の恋物語《こいものがたり》を語《かた》ります。幼《おさな》いころから親《した》しかった二人《ふたり》は大人《おとな》になって結《むす》ばれたのです。女《おんな》は自分《じぶん》は紀有《きのあり》常《つね》の娘《むすめ》であると言《い》って姿《すがた》を消《け》します。夜《よる》になって、僧《そう》が寝《ね》ていると、夢《ゆめ》に女《おんな》の霊《れい》が現《あらわ》れ、業平《なりひら》の形見《かたみ》を身《み》に着《つ》け、業平《なりひら》をしたいながら舞《ま》います。やがて夜《よ》が明《あ》けると、女《おんな》は姿《すがた》を消《け》していて、僧《そう》は夢《ゆめ》からさめました。

© 公益社団法人能楽協会

高砂《たかさご》

平安時代前期《へいあんじだいぜんき》の『古今和歌集《こきんわかしゅう》』仮名序《かなじょ》(序文《じょぶん》)にある「高砂《たかさご》、住《すみ》の江《え》の松《まつ》も、相生《あいおい》のようにおぼえ」とある部分《ぶぶん》をもとにつくられました。おめでたい折《おり》の演目《えんもく》です。結婚式《けっこんしき》などで、「高砂《たかさご》やこの浦舟《うらぶね》に帆《ほ》をあげて…」とうたわれる謡《うたい》は、この演目《えんもく》がもとになっています。

高砂《たかさご》の浦《うら》で松《まつ》の精霊《せいれい》である老夫《ろうふう》婦《ふ》が現《あらわ》れる。一般《いっぱん》に、年老《としお》いた松《まつ》は特《とく》にめでたいものとされる。

© 公益社団法人能楽協会

九州《きゅうしゅう》の阿蘇神社《あそじんじゃ》の神主《かんぬし》、友成《ともなり》は、都《みやこ》に行《い》く途中《とちゅう》、播磨国《はりまのくに》(兵庫県《ひょうごけん》)の高砂《たかさご》の浦《うら》に立《た》ち寄《よ》り、老夫婦《ろうふうふ》と出会《であ》います。老夫婦《ろうふうふ》は、「この松《まつ》は高砂《たかさご》の松《まつ》で、住吉《すみよし》にある住《すみ》の江《え》の松《まつ》と合《あ》わせて相生《あいおい》の松《まつ》とよばれている。自分《じぶん》たちは松《まつ》の精《せい》である」などと話《はな》し、小船《こぶね》で沖《おき》へ出《で》ていきます。友《とも》成《なり》も舟《ふね》で住吉《すみよし》に向《む》かうと、住吉明神《すみよしみょうじん》が現《あらわ》れ、めでたい舞《ま》いを舞《ま》うのでした。

住吉明神《すみよしみょうじん》が現《あらわ》れ、世《よ》の中《なか》の平和《へいわ》を祝《いわ》って舞《ま》う。

© 公益社団法人能楽協会

ミニ情報

2008年《ねん》に、能楽《のうがく》(能《のう》・狂言《きょうげん》)は、ユネスコの無形文化遺産《むけいぶんかいさん》に登録《とうろく》された。室町時代《むろまちじだい》から600年《ねん》以上《いじょう》受けつがれてきた舞台芸術《ぶたいげいじゅつ》が、国際的《こくさいてき》に認《みと》められた。

第《だい》2章《しょう》

狂《きょう》言《げん》

狂言《きょうげん》はおもしろみやこっけいさをもつ演劇《えんげき》です。能《のう》と同《おな》じころから演《えん》じられてきました。

クイズ1

狂言《きょうげん》が、能《のう》とちがうところは次《つぎ》のうちどれ？

22〜23ページを見《み》よう。

①せりふがない。

②おもしろい話《はなし》が多《おお》い。

③舞台《ぶたい》では演《えん》じない。

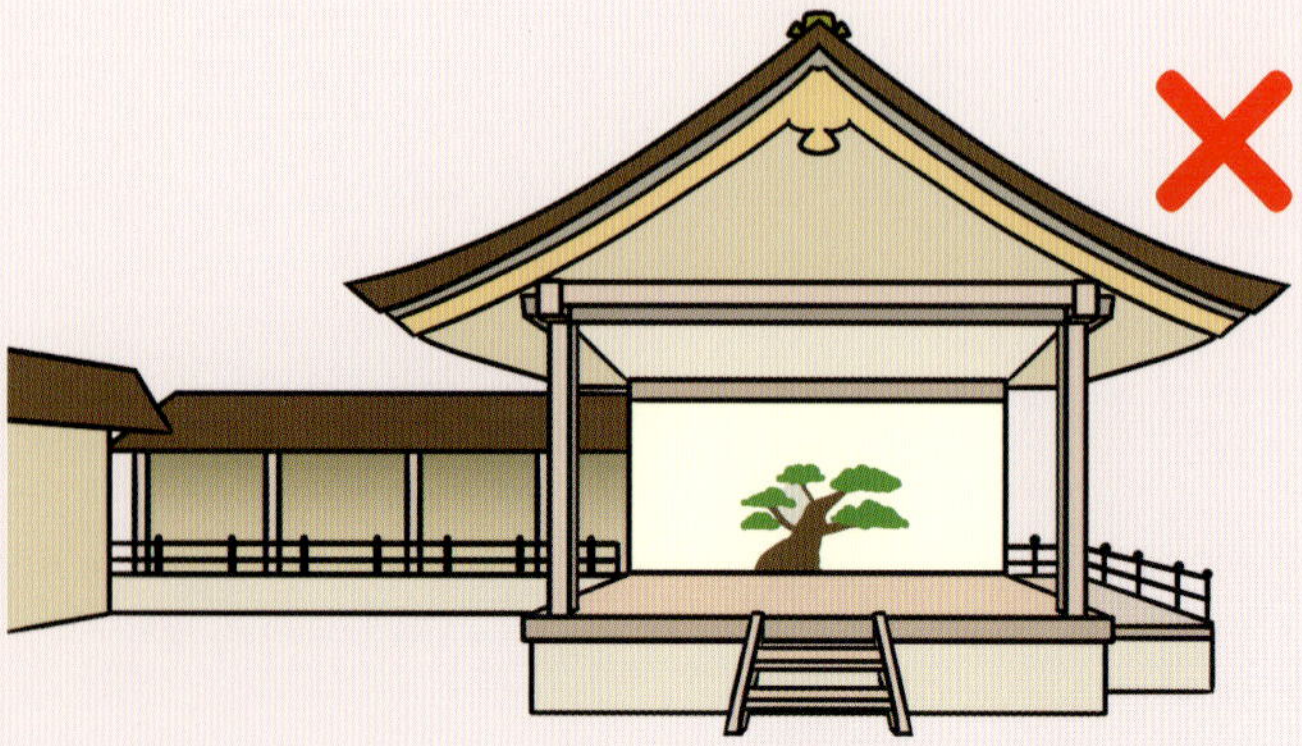

万作の会　撮影：政川慎治

クイズ2

狂言《きょうげん》「棒縛《ぼうしばり》」で、出《で》かける主人《しゅじん》が、ふたりのめしつかいをしばった理由《りゆう》は？

26ページを見《み》よう。

1. ふたりが主人《しゅじん》の酒《さけ》をこっそり飲《の》まないようにするため。
2. ふたりが主人《しゅじん》のもとからにげないようにするため。
3. ふたりがけんかをしないようにするため。

クイズ3

狂言《きょうげん》に動物《どうぶつ》は登場《とうじょう》する？

25ページを見《み》よう。

1. 登場《とうじょう》しない。
2. さるだけ登場《とうじょう》する。
3. 何種類《なんしゅるい》も登場《とうじょう》する。

狂言《きょうげん》ってなに？

狂言《きょうげん》は、能《のう》とともに発展《はってん》してきました。

狂言《きょうげん》は、おかしみやこっけいさを舞台《ぶたい》で演《えん》じる演劇《えんげき》です。
日本古来《にっぽんこらい》の喜劇《きげき》とされることもあります。
狂言《きょうげん》は、能《のう》と同《おな》じく猿楽《さるがく》から生《う》まれました。
狂言《きょうげん》と能《のう》は、兄弟《きょうだい》のような関係《かんけい》です。
室町時代《むろまちじだい》に、能《のう》が観阿弥《かんあみ》や世阿弥《ぜあみ》によって、完成《かんせい》されていったころ、
おもしろさを重視《じゅうし》した劇《げき》が狂言《きょうげん》となったと考《かんが》えられています。
しかし、能《のう》とちがい、だれがいつ、その形式《けいしき》を確立《かくりつ》したかはわかっていません。
室町時代《むろまちじだい》には、決《き》まった台本《だいほん》はなく、自由《じゆう》に演《えん》じていたようです。

ミニ情報　能《のう》と狂言《きょうげん》は古《ふる》くから深《ふか》い関係《かんけい》があった。能《のう》と能《のう》の間《あいだ》に狂言《きょうげん》が演《えん》じられ、ときには狂言師《きょうげんし》が能《のう》に登場《とうじょう》することもある。能《のう》と狂言《きょうげん》をあわせて「能楽《のうがく》」とよばれる。

能《のう》が謡《うたい》（音楽《おんがく》）と舞《ま》い（おどり）が
中心《ちゅうしん》であるのに対《たい》して、
狂言《きょうげん》は、せりふが中心《ちゅうしん》です。
また、悲劇《ひげき》が多《おお》い能《のう》に対《たい》して、
狂言《きょうげん》はおもしろおかしい話《はなし》が
ほとんどです。
太郎冠者《たろうかじゃ》
主人《しゅじん》に仕《つか》える身分《みぶん》の
太郎冠者《たろうかじゃ》が、ちょっとした
いたずらなどをする話《はなし》。
いばっているわりに
人《ひと》のいい大名《だいみょう》（小領主《しょうりょうしゅ》）が出《で》てくる話《はなし》。
鬼《おに》や山伏《やまぶし》を
主人公《しゅじんこう》とした話《はなし》。
夫婦《ふうふ》を
あつかった
話《はなし》。
狂言《きょうげん》の演目《えんもく》には、
いたずらや失敗《しっぱい》、
たあいもない争《あらそ》いなど、
今《いま》の私《わたし》たちから見《み》ても
共感《きょうかん》できることがえがかれています。
能《のう》のように面《めん》をつけることは
あまりありません。
ごうかな装束《しょうぞく》もありません。
「笑《わら》い」という面《めん》から人間味《にんげんみ》を
感《かん》じさせる話《はなし》が演《えん》じられることが、
狂言《きょうげん》の大《おお》きな特《とく》ちょうです。
庶民《しょみん》が登場《とうじょう》する
演劇《えんげき》なんだね。

ミニ情報

狂言《きょうげん》はせりふ中心《ちゅうしん》の演劇《えんげき》だが、謡《うたい》や舞《ま》い、語《かた》りなどが入《はい》ることもある。また、コーラス的《てき》な役割《やくわり》の地謡《じうたい》が、シテ（主役《しゅやく》）の心情などをうたうこともある。

狂言《きょうげん》の役柄《やくがら》を探検《たんけん》！

狂言《きょうげん》では、庶民《しょみん》が主役《しゅやく》になることが多《おお》く、動物《どうぶつ》が登場《とうじょう》する演目《えんもく》もあります。

太郎冠者《たろうかじゃ》

主《しゅう》(主人《しゅじん》)や大名《だいみょう》に仕《つか》える第一《だいいち》の従者《じゅうしゃ》(家来《けらい》)。「冠者《かじゃ》」は使用人《しようにん》の意《い》味《み》で、「太郎《たろう》」は一番《いちばん》めであることを表《あらわ》します。お調子者《ちょうしもの》であったり、だまされやすかったり、演目《えんもく》によって性格《せいかく》がちがいます。

次郎冠者《じろうかじゃ》

太郎冠者《たろうかじゃ》に次《つ》ぐ、第二《だいに》の従者《じゅうしゃ》です。太郎冠者《たろうかじゃ》の後輩《こうはい》で、太郎冠者《たろうかじゃ》を支《ささ》える立場《たちば》などを務《つと》めます。さらに三郎冠者《さぶろうかじゃ》が登場《とうじょう》する場合《ばあい》もあります。

主《しゅう》(主人《しゅじん》)

太郎冠者《たろうかじゃ》たちを使《つか》う立場《たちば》で、人《ひと》使《づか》いがあらいこともあります。太《た》郎《ろう》冠者《かじゃ》といっしょになって調子《ちょうし》に乗《の》ってうかれる主《しゅう》が登場《とうじょう》することもあります。

太郎冠者《たろうかじゃ》(中央《ちゅうおう》)と、次郎冠者《じろうかじゃ》(左《ひだり》)と、主《しゅう》(右《みぎ》)。主《しゅう》は長《なが》かみしもをつけ、短刀《たんとう》をさしている。

万作の会　撮影：政川慎治

山伏《やまぶし》

山野《さんや》をめぐって修行《しゅぎょう》をし、特殊《とくしゅ》な能《のう》力《りょく》(法力《ほうりき》)を備《そな》えた人《ひと》。狂言《きょうげん》では、自分《じぶん》の力《ちから》を過信《かしん》していばっている人物《じんぶつ》としてえがかれます。

万作の会　撮影：政川慎治

僧《そう》

坊《ぼう》さん。出家《しゅっけ》ともいいます。厳《きび》しい修行《しゅぎょう》を積《つ》んだはずですが、狂言《きょうげん》では欲《よく》にとらわれる人物《じんぶつ》としてえがかれます。

万作の会　撮影：政川慎治

ミニ情報　現在《げんざい》、狂言《きょうげん》の演目《えんもく》は約《やく》260曲《きょく》あるとされている。そのうち、約《やく》100曲《きょく》に太郎冠者《たろうかじゃ》が登場《とうじょう》し、さらに約《やく》50曲《きょく》で主役《しゅやく》を務《つと》める。

大名《だいみょう》

地方《ちほう》の小《ちい》さな領主《りょうしゅ》です。それほどの力《ちから》はないのに、目下《めした》の者《もの》にえらぶって失敗《しっぱい》するといった人物《じんぶつ》としてえがかれます。

万作の会　撮影：政川慎治

鬼《おに》

おそろしいはずの鬼《おに》ですが、どことなくユーモラスにえがかれます。人間《にんげん》を困《こま》らせようとしても、たいてい失敗《しっぱい》します。

万作の会　撮影：政川慎治

女《おんな》

狂言《きょうげん》では「わわしい（口《くち》うるさい）女《おんな》」と表現されます。したたかで夫《おっと》に腹《はら》を立《た》てる一方《いっぽう》で、夫《おっと》への思《おも》いやりを見《み》せることもあります。

万作の会　撮影：政川慎治

すっぱ

詐欺師《さぎし》を意味《いみ》します。いなか者《もの》をたくみな話術《わじゅつ》でだますなど、ずるさや調子《ちょうし》のよさをもつ人物《じんぶつ》としてえがかれます。

万作の会　撮影：政川慎治

さる

「靭猿《うつぼざる》」（→27ページ）などの演目《えんもく》に登場《とうじょう》します。「靭猿《うつぼざる》」では、小学校低学年《しょうがっこうていがくねん》くらいまでの子役《こやく》がさるを演《えん》じます。

万作の会　撮影：政川慎治

きつね

「釣狐《つりぎつね》」などの演目《えんもく》に登場《とうじょう》します。モンパという布《ぬの》で全身《ぜんしん》をおおい、きつねの面《めん》をつけて演《えん》じます。

万作の会　撮影：政川慎治

ミニ情報

狂言師《きょうげんし》は、「靭猿《うつぼざる》」で初舞台《はつぶたい》を務《つと》め、いろいろな役《やく》を経《へ》て、「釣狐《つりぎつね》」のきつねを演《えん》じると、一人前《いちにんまえ》として認《みと》められる。このことから「さるに始《はじ》まり、きつねに終《お》わる」といわれる。

狂言《きょうげん》を鑑賞《かんしょう》しよう！

狂言《きょうげん》の代表的《だいひょうてき》な演目《えんもく》を紹介《しょうかい》します。

棒縛《ぼうしばり》

太郎冠者《たろうかじゃ》と次郎冠者《じろうかじゃ》は、主《しゅう》が外出《がいしゅつ》すると、いつも酒《さけ》をぬすみ飲《の》みします。主《しゅう》は、二人《ふたり》を自由《じゆう》に動《うご》けないようにして外出《がいしゅつ》しますが、二人《ふたり》は酒蔵《さかぐら》に入《はい》り、酒《さけ》を飲《の》んで盛《も》り上《あ》がります。そこへ主《しゅう》が帰《かえ》ってきて大《おお》さわぎになります。

太郎冠者《たろうかじゃ》(右《みぎ》)は手《て》を棒《ぼう》にしばりつけられ、次郎冠者《じろうかじゃ》(左《ひだり》)は後《うし》ろ手《で》にしばられる。それでも酒《さけ》が飲《の》みたい二人《ふたり》は、協力《きょうりょく》して酒蔵《さかぐら》のとびらを開《あ》けて酒《さけ》を飲《の》み始《はじ》める。

万作の会　撮影：政川慎治

附子《ぶす》

主《しゅう》が太郎冠者《たろうかじゃ》と次郎冠者《じろうかじゃ》におけを見《み》せ、「この中《なか》には猛毒《もうどく》が入《はい》っているから近《ちか》づかないように」と言《い》って外出《がいしゅつ》した。しかし、おけを見《み》ると中《なか》には砂糖《さとう》が。それを、すっかりなめてしまった二人《ふたり》は、たくみに言《い》い訳《わけ》をします。

主《しゅう》がうそをついて出《で》かけていったことに気《き》づいた太郎冠者《たろうかじゃ》と次郎冠者《じろうかじゃ》は、砂糖《さとう》をすっかりなめてしまう。その後《ご》、貴重《きちょう》な茶碗《ちゃわん》などをこわし、「茶碗《ちゃわん》をこわしたので、毒《どく》を飲《の》んで死《し》のうとした」と言《い》い訳《わけ》する。

万作の会　撮影：政川慎治

ミニ情報

舞台《ぶたい》で狂言《きょうげん》を演《えん》じる人《ひと》や団体《だんたい》を、狂言師《きょうげんし》または狂言方《きょうげんかた》という。狂言《きょうげん》の主役《しゅやく》は「シテ」、その相手役《あいてやく》を「アド」という。同《おな》じ狂言師《きょうげんし》がシテを務《つと》めることもアドを演《えん》じることもある。

靭猿《うつぼざる》

太郎冠者《たろうかじゃ》とともに狩《か》りに出《で》かけた大名《だいみょう》が、猿曳《さるひき》（さる回《まわ》し）に出会《であ》い、「さるの皮《かわ》をうつぼ（矢《や》を入《い》れる筒《つつ》）のかざりにしたいのでさるを貸《か》せ」といいます。猿曳《さるひき》はやむなく承知《しょうち》しますが、さるはけなげに芸《げい》を始《はじ》めます。その様子《ようす》に猿曳《さるひき》は泣《な》き出《だ》し、大名《だいみょう》も泣《な》いてさるを助《たす》けます。

けなげなさるを演《えん》じるのは子《こ》どもの役者《やくしゃ》。猿曳《さるひき》が、さるを助《たす》けてもらったお礼《れい》にめでたい歌《うた》をうたうと、大名《だいみょう》はきげんをよくし、太刀《たち》などをあたえ、自分《じぶん》もさるのまねをしておどり出《だ》す。

万作の会　撮影：政川慎治

福《ふく》の神《かみ》

二人《ふたり》の男《おとこ》が福《ふく》の神《かみ》の社《やしろ》に年《とし》こしのお参《まい》りに来《く》ると、福《ふく》の神《かみ》が現《あらわ》れます。福《ふく》の神《かみ》は酒《さけ》を飲《の》みたいといい、二人《ふたり》は酒《さけ》を捧《ささ》げます。福《ふく》の神《かみ》は二人《ふたり》に、「豊《ゆた》かになるには、心持《こころも》ちをよくしなさい」とさとし、さらに、早起《はやお》きや夫婦《ふうふ》なかよくすることの大切《たいせつ》さなどを説《と》いて、うたい舞《ま》い、笑《わら》って去《さ》っていきます。

狂言《きょうげん》に登場《とうじょう》する神様《かみさま》は、酒《さけ》をさいそくしたり、よめをむかえたりするなど、人間《にんげん》のような行《おこな》いをし、親《した》しみやすさをもってえがかれることが多《おお》い。

万作の会　撮影：吉川信之

ミニ情報　狂言《きょうげん》の言葉《ことば》は、室町時代《むろまちじだい》の上方《かみがた》（京都《きょうと》・大阪《おおさか》）の言葉《ことば》がもとになっていると考《かんが》えられている。主《しゅう》が太郎冠者《たろうかじゃ》を追《お》いかけるときの「やるまいぞ（にがさないぞ）」など、独特《どくとく》の言《い》い回《まわ》しがある。

柿山伏《かきやまぶし》

修行《しゅぎょう》の帰《かえ》りに空腹《くうふく》になった山伏《やまぶし》が、近《ちか》くの柿《かき》の木《き》に登《のぼ》って柿《かき》を食《た》べていました。そこへ畑《はたけ》の主《あるじ》がやってきて、山伏《やまぶし》に気《き》づかないふりをして「カラスやさるのしわざだ」というので、山伏《やまぶし》はその鳴《な》きまねをします。そして、「トビなら飛《と》べるだろう」といわれると、山伏《やまぶし》はつい飛《と》んでしまいます。

修行《しゅぎょう》を積《つ》んでいるはずの山伏《やまぶし》が、いやしい気持《きも》ちを起《お》こしたことから畑《はたけ》の主《あるじ》にからかわれて失敗《しっぱい》する様子《ようす》をえがく。さまざまな難題《なんだい》に困《こま》る山伏《やまぶし》の様子《ようす》が笑《わら》いをさそう。

万作の会　撮影：政川慎治

蚊相撲《かずもう》

太郎冠者《たろうかじゃ》しか従者《じゅうしゃ》がいない大名《だいみょう》が新《あたら》しい従者《じゅうしゃ》をやとおうとします。太郎《たろう》冠者《かじゃ》が相撲《すもう》が得意《とくい》という男《おとこ》を連《つ》れてきたので、大名《だいみょう》は喜《よろこ》んで相撲《すもう》をとります。ところが、男《おとこ》は蚊《か》の精霊《せいれい》だったため、大名《だいみょう》はさされてしまいます。蚊《か》の精霊《せいれい》だと気《き》づいた大名《だいみょう》は、次《つぎ》の勝負《しょうぶ》で太郎冠者《たろうかじゃ》にうちわであおがせます。

蚊《か》の精霊《せいれい》を演《えん》じる狂言師《きょうげんし》がつける面《めん》は「うそふき」というもので、ひょっとこに似《に》ている。口《くち》にくわえた棒《ぼう》は、蚊《か》の針《はり》を表《あらわ》している。うちわであおがれた蚊《か》の精霊《せいれい》は、ふらふらしてしまう。その様子《ようす》がおもしろい。

万作の会　撮影：政川慎治

ミニ情報

狂言《きょうげん》では、女性《じょせい》の役《やく》も男性《だんせい》が演《えん》じる。化粧《けしょう》はせず、約《やく》５ｍもある白《しろ》い布《ぬの》（「美男《びなん》かずら」という）を頭《あたま》に巻《ま》き、顔《かお》の両側《りょうがわ》にたらして、はしを帯《おび》にはさむ（→ 25ページ）。

武悪《ぶあく》

勤《つと》めをおこたっている従者《じゅうしゃ》の武悪《ぶあく》を殺《ころ》すように主《しゅう》から命《めい》じられた太郎冠《たろうか》者《じゃ》ですが、殺《ころ》したことにしてにがしてやります。その後《ご》、3人《にん》は外出先《がいしゅつさき》ではち合《あ》わせしてしまい、太郎冠者《たろうかじゃ》は武悪《ぶあく》のことを、武悪《ぶあく》の亡霊《ぼうれい》だとごまかします。武悪《ぶあく》は亡霊《ぼうれい》のふりをして、主《しゅう》をあれこれとおどします。

主《しゅう》の命《めい》で武悪《ぶあく》をうとうとする太郎冠者《たろうかじゃ》だったが、武悪《ぶあく》との友情《ゆうじょう》からうつことができず、にがしてやる。主《しゅう》には武悪《ぶあく》をうったと、うその報告《ほうこく》をする。

万作の会　撮影：政川慎治

瓜盗人《うりぬすびと》

畑《はたけ》の瓜《うり》がぬすまれ、かかしをこわされたことに腹《はら》を立《た》てた畑《はたけ》の主《あるじ》が、みずからかかしになります。そこへ瓜《うり》の盗人《ぬすびと》が現《あらわ》れます。盗人《ぬすびと》は、かかしが畑《はたけ》の主《あるじ》と気《き》づかず、祭礼《さいれい》で演《えん》じる罪人役《ざいにんやく》のけいこをします。かかしがたたくので盗人《ぬすびと》が不思議《ふしぎ》がっていると、畑《はたけ》の主《あるじ》が正《しょう》体《たい》を現《あらわ》し、盗人《ぬすびと》をこらしめます。

かかし役《やく》の狂言師《きょうげんし》がつける面《めん》は、「蚊相撲《かずもう》」で蚊《か》の精霊役《せいれいやく》がつける面《めん》と同《おな》じ、「うそふき」。

万作の会　撮影：政川慎治

狂言《きょうげん》の面《めん》

狂言《きょうげん》では面《めん》をつけることはあまりありませんが、神様《かみさま》や鬼《おに》、動物《どうぶつ》などを演《えん》じるときは、面《めん》をつけます。また、老人《ろうじん》など素顔《すがお》では演《えん》じにくい役《やく》も面《めん》をつけます。

武悪《ぶあく》

鬼《おに》の面《めん》。狂言《きょうげん》の面《めん》は、能《のう》の面《めん》とちがって、どことなく愛《あい》きょうがある。

うそふき

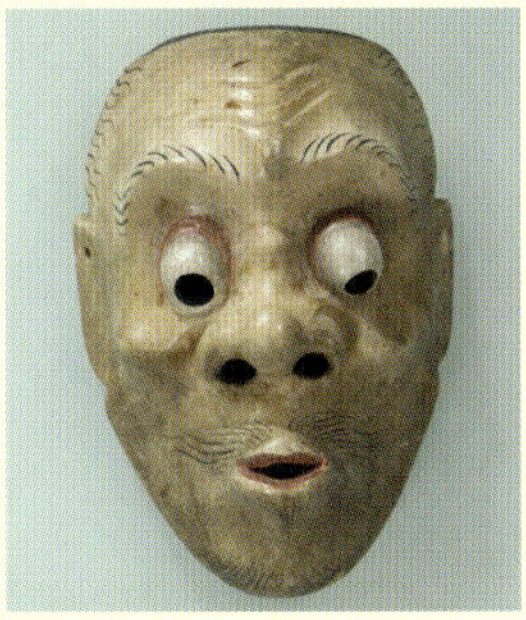

「蚊相撲《かずもう》」の蚊《か》の精霊《せいれい》のほか、ねずみやたこなど、動物《どうぶつ》の精霊《せいれい》を演《えん》じるときにつける。「うそふき」とは、「口笛《くちぶえ》をふく」という意味《いみ》。

賢徳《けんとく》

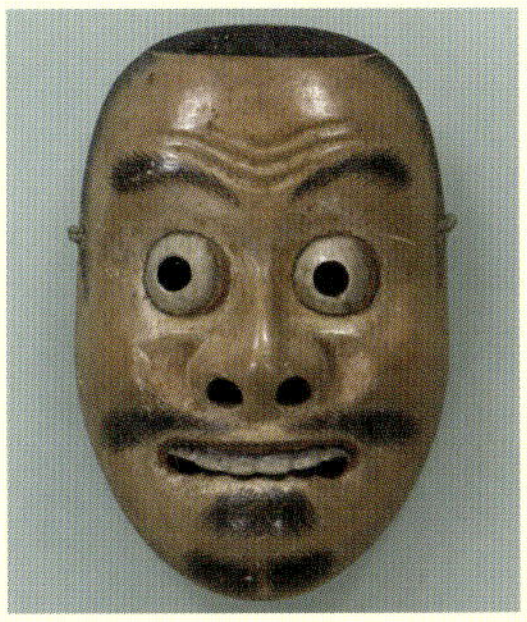

馬《うま》、牛《うし》、かになどの精霊《せいれい》を演《えん》じるときにつける。視線《しせん》を正面《しょうめん》からそらし、上《うえ》の歯《は》で下《した》のくちびるをかんでいる表情《ひょうじょう》につくられている。

乙御前《おとごぜ》

美人《びじん》ではない、若《わか》い女《おんな》を演《えん》じるときにつける。ふっくらしたほおにつくる。

出典：ColBase（https://colbase.nich.go.jp/）

ミニ情報

江戸時代《えどじだい》には、和泉流《いずみりゅう》、大蔵流《おおくらりゅう》、鷺流《さぎりゅう》という3つの狂言《きょうげん》の流派《りゅうは》があった。鷺流《さぎりゅう》が明治時代《めいじじだい》におとろえ、現在《げんざい》は、和泉流《いずみりゅう》と大蔵流《おおくらりゅう》の2つの流派《りゅうは》が続《つづ》いている。

第《だい》3章《しょう》

歌《か》舞《ぶ》伎《き》

歌舞伎《かぶき》は、長《なが》い間《あいだ》、庶《しょ》民《みん》の人気《にんき》を集《あつ》めてきた演《えん》劇《げき》です。昔《むかし》は〝芝居《しばい》〟といえば、歌舞伎《かぶき》をさしました。

はなやかな
イメージがあるよ。

クイズ1

歌舞伎《かぶき》が大人気《だいにんき》になったのはいつごろ？

32〜33ページを見《み》よう。

① 平安時代《へいあんじだい》

② 鎌倉時代《かまくらじだい》

③ 江戸時代《えどじだい》

クイズ 2

歌舞伎《かぶき》を演《えん》じる役者《やくしゃ》の特《とく》ちょうは？

34ページを見《み》よう。

1 女性《じょせい》だけ
2 男性《だんせい》だけ
3 子《こ》どもだけ

©PIXTA

クイズ 3

歌舞伎《かぶき》が演《えん》じられる舞台《ぶたい》にあるのは？

39ページを見《み》よう。

1 花道《はなみち》
2 けもの道《みち》
3 山道《やまみち》

歌《か》舞《ぶ》伎《き》ってどんなもの？

歌舞伎《かぶき》は、舞台《ぶたい》の上《うえ》で演《えん》じられる演劇《えんげき》です。役者《やくしゃ》のしぐさや舞台《ぶたい》のしかけなどにさまざまな工夫《くふう》をこらし、観客《かんきゃく》を楽《たの》しませます。江戸時代《えどじだい》には、庶民《しょみん》の最大《さいだい》の娯楽《ごらく》のひとつでした。

人気《にんき》の演目《えんもく》のひとつ「義経千本桜《よしつねせんぼんざくら》」の場面《ばめん》。演《えん》じているのはすべて男性《だんせい》。　© 松竹株式会社

始《はじ》まりは「かぶきおどり」

1603年《ねん》、京都《きょうと》で出雲阿国《いずものおくに》という女性《じょせい》が率《ひき》いる一座《いちざ》が演《えん》じたおどりが評判《ひょうばん》になりました。阿国《おくに》らは、男性《だんせい》の格好《かっこう》で歌《うた》とおどりを見《み》せていましたが、芝居《しばい》も取《と》り入《い》れるようになり、やがて長《なが》い演劇《えんげき》へと変《か》わっていきました。これが歌舞伎《かぶき》の始《はじ》まりだといわれています。

人々《ひとびと》の目《め》をひく奇抜《きばつ》な格好《かっこう》や行動《こうどう》をすることは「かぶく」といわれました。出雲阿国《いずものおくに》たちは、新《あたら》しく、めずらしい格好《かっこう》でおどったことからそのおどりは「かぶきおどり」とよばれました。最先端《さいせんたん》のおどりやファッションに、大勢《おおぜい》の人々《ひとびと》が目《め》をひかれたのです。

その後《ご》、若《わか》い男性《だんせい》が演《えん》じる若衆歌舞伎《わかしゅかぶき》が行《おこな》われましたが、女性《じょせい》や若者《わかもの》が演《えん》じる歌舞伎《かぶき》は禁《きん》じられました。

出雲阿国《いずものおくに》たちが演《えん》じたかぶきおどり。舞台《ぶたい》の上《うえ》で、刀《かたな》をかたにかけているのが阿国《おくに》。

写真提供：@KYOTOMUSE（京都国立博物館）

当時《とうじ》、最先端《さいせんたん》の演劇《えんげき》だったんだね。

ミニ情報　出雲阿国《いずものおくに》は、みずから出雲大社《いずもたいしゃ》のみこ（神《かみ》に仕《つか》える女性《じょせい》）だといっていたが、くわしいことはわかっていない。京都《きょうと》の北野神社《きたのじんじゃ》の境内《けいだい》に専用《せんよう》の舞台《ぶたい》をつくっておどりを見《み》せていたといわれている。

人気《にんき》役者《やくしゃ》が登場《とうじょう》する

17世紀前半《せいきぜんぱん》に、大人《おとな》の男性《だんせい》だけの野郎歌舞伎《やろうかぶき》が演《えん》じられるようになりました。

浄瑠璃《じょうるり》（人形《にんぎょう》をあやつって演《えん》じる芝居《しばい》）の作者《さくしゃ》として有名《ゆうめい》な近松門左衛門《ちかまつもんざえもん》が書《か》いた台本《だいほん》が歌舞伎《かぶき》でも使《つか》われるようになりました。

江戸《えど》で初代市川團十郎《しょだいいちかわだんじゅうろう》が、上方《かみがた》（大阪《おおさか》・京都《きょうと》）で坂田藤十郎《さかたとうじゅうろう》や芳澤《よしざわ》あやめといった歌舞伎役者《かぶきやくしゃ》が人気《にんき》となりました。市川團十郎《いちかわだんじゅうろう》は力強《ちからづよ》い荒事《あらごと》、坂田藤十郎《さかたとうじゅうろう》は優美《ゆうび》な演技《えんぎ》の和事《わごと》が特《とく》ちょうでした。

初代坂田藤十郎《しょだいさかたとうじゅうろう》

東京都立中央図書館加賀文庫 所蔵
『野良関相撲』（部分）

初代市川團十郎《しょだいいちかわだんじゅうろう》

国立劇場蔵

庶民《しょみん》の最大《さいだい》の娯楽《ごらく》に

歌舞伎《かぶき》はやがて庶民《しょみん》の人気《にんき》を集《あつ》めるようになりました。人気《にんき》の役者《やくしゃ》も多数出《たすうで》て、江戸時代中期《えどじだいちゅうき》には、庶民《しょみん》の最大《さいだい》の娯楽《ごらく》として楽《たの》しまれました。着物《きもの》の柄《がら》などが役者《やくしゃ》から流行《りゅうこう》することがありました。

歌川豊国　中村座場内図（太田記念美術館蔵）

江戸時代《えどじだい》の芝居小屋《しばいごや》の様子《ようす》。観客《かんきゃく》がぎっしりつめかけている。

弁慶格子柄《べんけいごうしがら》の着物姿《きものすがた》の町娘《まちむすめ》。

出典：国立国会図書館ウェブサイト（https://dl.ndl.go.jp/pid/1302735）

着物《きもの》の柄《がら》の市松模様《いちまつもよう》の由来《ゆらい》になった佐野川市松《さのがわいちまつ》。

東洲斎写楽作「三代目佐野川市松の祇園町の白人おなよ　正面」東京国立博物館所蔵
Image: TNM Image Archives

うちわにえがかれた役者《やくしゃ》の絵《え》。

出典：国立国会図書館ウェブサイト（https://dl.ndl.go.jp/pid/9369194/1/15）

役者絵《やくしゃえ》（歌舞伎役者《かぶきやくしゃ》をえがいた浮世絵《うきよえ》）。人気《にんき》の歌舞伎役者《かぶきやくしゃ》の絵《え》が売《う》られていた。

出典：国立国会図書館ウェブサイト（https://dl.ndl.go.jp/pid/1311921/1/2）

出典：国立国会図書館ウェブサイト（https://dl.ndl.go.jp/pid/1311921/1/1）

ミニ情報 江戸時代《えどじだい》には電灯《でんとう》がなかったので、芝居《しばい》（歌舞伎《かぶき》）は、夜明《よあ》けから夕方《ゆうがた》まで行《おこな》われた。ひとつの芝居《しばい》がその日《ひ》のうちに終《お》わらないこともあった。

歌《か》舞《ぶ》伎《き》の役《やく》柄《がら》を探《たん》検《けん》！

現代《げんだい》の歌舞伎《かぶき》では、すべての役《やく》を男性《だんせい》の役者《やくしゃ》が演《えん》じます。女性《じょせい》の役《やく》を演《えん》じる役者《やくしゃ》を女形《おんながた》とよびます。

立役《たちやく》

男性《だんせい》の役《やく》やその役《やく》を演《えん》じる役者《やくしゃ》を立《たち》役《やく》といいます。立役《たちやく》はもともと善人《ぜんにん》の男性役《だんせいやく》をさしていましたが、現在《げんざい》は男《だん》性役《せいやく》をまとめて立役《たちやく》とよびます。立役《たちやく》の中《なか》にも色男《いろおとこ》（二枚目《にまいめ》）、敵役《かたきやく》（悪人《あくにん》）、老《ふ》け役《やく》（老人《ろうじん》）、若衆《わかしゅ》（少年《しょうねん》）など、さまざまな役《やく》があります。

「仮名手本忠臣蔵《かなでほんちゅうしんぐら》」の大星由良之助《おおぼしゆらのすけ》。善人《ぜんにん》で深《ふか》い考《かんが》えをもつ人物《じんぶつ》で、代表的《だいひょうてき》な立役《たちやく》。

敵役《かたきやく》

「助六由縁江戸桜《すけろくゆかりのえどざくら》」に登場《とうじょう》する意休《いきゅう》は、代表的《だいひょうてき》な敵役《かたきやく》。金持《かねも》ちの悪人《あくにん》としてえがかれる。

老《ふ》け役《やく》

「ひらかな盛衰記《せいすいき》　逆櫓《さかろ》」の漁師権四郎《りょうしごんしろう》。孫《まご》をもつ老人《ろうじん》で、老《ふ》け役《やく》の例《れい》。

若衆役《わかしゅやく》

若衆役《わかしゅやく》のひとつ、「雷神不動北山櫻《なるかみふどうきたやまざくら》」の少年《しょうねん》。頭頂部《とうちょうぶ》の髪《かみ》を残《のこ》す、成人前《せいじんまえ》の姿《すがた》をしている。

ミニ情報

芝居小屋《しばいごや》の看板《かんばん》の１枚《まい》めに一座《いちざ》の座頭《ざがしら》、２枚《まい》めに美男子役《びだんしやく》の役者《やくしゃ》、３枚《まい》めに道化役《どうけやく》の役者《やくしゃ》の名前《なまえ》を書《か》いた。美男子《びだんし》を二枚目《にまいめ》、おどけておもしろい男性《だんせい》を三枚目《さんまいめ》というのはここからきている。

女形《おんながた》（女方《おんながた》）

女性《じょせい》の役《やく》やその役《やく》を演《えん》じる役者《やくしゃ》を女形《おんながた》といいます。「おやま」ということもあります。若《わか》い女性《じょせい》からお姫《ひめ》様《さま》、奥様《おくさま》、女房《にょうぼう》、おばあさんなど、さまざまな女性役《じょせいやく》があります。一座《いちざ》の中《なか》で最高位《さいこうい》の女形《おんながた》を「立女形《たておやま》」といいます。

立女形《たておやま》

「仮名手本忠臣蔵《かなでほんちゅうしんぐら》」の戸無瀬《となせ》を演《えん》じる立女形《たておやま》。　© 松竹株式会社

若女形《わかおやま》

「寿曽我対面《ことぶきそがのたいめん》」の化粧坂《けわいざか》の少将《しょうしょう》。若《わか》く美《うつく》しい女性《じょせい》の役《やく》が若女形《わかおやま》。　© 松竹株式会社

女房《にょうぼう》

「新皿屋舗月雨暈《しんさらやしきつきのあまがさ》」のおはま。主人公《しゅじんこう》、魚屋宗五郎《さかなやそうごろう》の女房《にょうぼう》（妻《つま》）の役《やく》。

© 松竹株式会社

赤姫《あかひめ》

「新薄雪物語《しんうすゆきものがたり》」の薄雪姫《うすゆきひめ》。お姫様役《ひめさまやく》は、赤《あか》い着物《きもの》を着《き》ることが多《おお》いことから「赤姫《あかひめ》」といわれる。

© 松竹株式会社

後見《こうけん》・黒衣《くろご》

役者《やくしゃ》の衣装《いしょう》がえなどの手伝《てつだ》いをしたり、小道具《こどうぐ》の出《だ》し入《い》れをさりげなくする役割《やくわり》の人《ひと》を後見《こうけん》といいます。後見《こうけん》の中《なか》で、黒装束《くろしょうぞく》を着《き》て舞台《ぶたい》に出《で》て、つくりもののチョウや鳥《とり》などを動《うご》かすなどの役割《やくわり》をする人《ひと》を黒衣《くろご》といいます。観客《かんきゃく》は、黒衣《くろご》が舞台上《ぶたいじょう》に見《み》えていても、いないものとして芝居《しばい》を見《み》るのが約束《やくそく》ごとです。後見《こうけん》は、役者《やくしゃ》の弟子《でし》などが務《つと》めます。

舞台上《ぶたいじょう》でつくりものを動《うご》かす黒衣《くろご》。

© 松竹株式会社

時代物《じだいもの》と世話物《せわもの》

歌舞伎《かぶき》の演目《えんもく》は、大《おお》きく分《わ》けて「時代物《じだいもの》」と「世話物《せわもの》」に分類《ぶんるい》されます。「時代物《じだいもの》」は、設定《せってい》を江戸時代《えどじだい》よりも古《ふる》い時代《じだい》にして、主《おも》に武家社会《ぶけしゃかい》をえがく作品《さくひん》です。「世話物《せわもの》」は、江戸時代《えどじだい》の人《ひと》から見《み》て現在《げんざい》の事件《じけん》などをあつかった作品《さくひん》です。

このほかに、明治時代半《めいじじだいなか》ば以降《いこう》に作家《さっか》が書《か》いた演目《えんもく》を新歌舞伎《しんかぶき》、第二次世界大戦後《だいにじせかいたいせんご》に書《か》かれた演目《えんもく》を新作歌舞伎《しんさくかぶき》といいます。

ミニ情報

「千両役者《せんりょうやくしゃ》」とは、歌舞伎《かぶき》から出《で》た言葉《ことば》で、芸《げい》や風格《ふうかく》がともにすぐれた役者《やくしゃ》をさす。江戸時代《えどじだい》に、興行主《こうぎょうぬし》との専属契約《せんぞくけいやく》を千両《せんりょう》（現在《げんざい》の価値《かち》で１億円《おくえん》ともいう）でしていた役者《やくしゃ》がいたことから。

歌舞伎《かぶき》の演出《えんしゅつ》を探検《たんけん》！

歌舞伎《かぶき》には、独特《どくとく》の化粧《けしょう》や表現《ひょうげん》のしかたがあります。また、演目《えんもく》の内容《ないよう》にあった音楽《がく》が演奏《えんそう》されます。

くまどり

地色《じいろ》をぬった顔《かお》に、筆《ふで》で線《せん》を引《ひ》き、指《ゆび》で片側《かたがわ》へぼかす化粧法《けしょうほう》で、さまざまな性格《せいかく》や役柄《やくがら》を示《しめ》しています。大《おお》きく50種類《しゅるい》ほどに分《わ》けられます。赤《あか》い線《せん》は、おこったときにうき出《で》る血管《けっかん》を表《あらわ》しているとされます。

一本《いっぽん》ぐま：力強《ちからづよ》いが暴《あば》れん坊《ぼう》の役《やく》に用《もち》いる。

むきみぐま：若《わか》く、正義《せいぎ》感《かん》ある役《やく》に用《もち》いる。

代赭《たいしゃ》ぐま：茶色《ちゃいろ》を使《つか》い、幽霊《ゆうれい》や鬼《おに》などの役《やく》に用《もち》いる。

藍《あい》ぐま：不気味《ぶきみ》さや邪悪《じゃあく》さがある役《やく》に用《もち》いる。

すじぐま：激《はげ》しいいかりをいだく勇者《ゆうしゃ》の役《やく》に用《もち》いる。

見得《みえ》と六方《ろっぽう》

歌舞伎《かぶき》には、観客《かんきゃく》の目《め》を引《ひ》きつける独特《どくとく》の表現《ひょうげん》のしかたがあります。見得《みえ》や六方《ろっぽう》とよばれる表現《ひょうげん》は、歌舞伎《かぶき》の見《み》せどころです。

見得《みえ》

感情《かんじょう》が高《たか》まった場面《ばめん》などで、頭《あたま》を回《まわ》すと同時《どうじ》にうでや足《あし》をふみ出《だ》すなどの大《おお》きな動作《どうさ》をしたあと、動《うご》きをいっしゅん止《と》めてポーズをとります。動《うご》きを止《と》めることで、観客《かんきゃく》の注目《ちゅうもく》を集《あつ》めます。見得《みえ》には、さまざまな種類《しゅるい》があります。

© 松竹株式会社

六方《ろっぽう》

歩《ある》く芸《げい》の代表《だいひょう》です。六法《ろっぽう》とも書《か》きます。右手《みぎて》と右足《みぎあし》、左手《ひだりて》と左足《ひだりあし》を同時《どうじ》に出《だ》し、力強《ちからづよ》く大《おお》きく動《うご》かして歩《ある》き方《かた》を大《おお》きく見《み》せます。

© 松竹株式会社

立《た》ち回《まわ》り

一人《ひとり》の人物《じんぶつ》に大勢《おおぜい》できりかかる戦《たたか》いの場面《ばめん》を、激《はげ》しくきり合《あ》うのではなく、流《なが》れるような様式《ようしき》で演《えん》じます。主役《しゅやく》が途中《とちゅう》で見得《みえ》をすることもあります。「タテ」ともいいます。

ミニ情報

歌舞伎役者《かぶきやくしゃ》は、どんな役《やく》でも必《かなら》ず化粧《けしょう》をする。化粧《けしょう》をする係《かかり》はおらず、開演前《かいえんまえ》に楽屋《がくや》で役者《やくしゃ》が自分《じぶん》でおしろいをぬるなどの化粧《けしょう》をする。

音楽《おんがく》

歌舞伎《かぶき》の音楽《おんがく》は、三味線《しゃみせん》を中心《ちゅうしん》として演奏《えんそう》されます。歌舞伎《かぶき》が行《おこな》われるようになった江戸時代《えどじだい》、当時新《とうじあたら》しい楽器《がっき》だった三味線《しゃみせん》をとり入《い》れることで、新《あたら》しい演劇《えんげき》としての雰囲気《ふんいき》を出《だ》していました。

長唄《ながうた》

歌舞伎音楽《かぶきおんがく》のほとんどに用《もち》いられます。通常《つうじょう》は、黒御簾《くろみす》(→39ページ)の中《なか》で演奏《えんそう》します。舞踊《ぶよう》(おどり)のときは舞台上《ぶたいじょう》のひな壇《だん》に並《なら》び、唄《うた》と三味線《しゃみせん》が上段《じょうだん》の左右《さゆう》、はやし方《かた》(笛《ふえ》、小鼓《こつづみ》、大鼓《おおつづみ》、太鼓《たいこ》)が下段《げだん》に並《なら》びます。

© 松竹株式会社

竹本《たけもと》

浄瑠璃《じょうるり》の演目《えんもく》を演《えん》じる作品《さくひん》(義太夫狂言《ぎだゆうきょうげん》という)では、義太夫節《ぎだゆうぶし》の語《かた》りと太《ふと》ざおの三味線《しゃみせん》(低音《ていおん》)が入《はい》ります。歌舞伎《かぶき》では、これを「竹本《たけもと》」とよびます。登場人物《とうじょうじんぶつ》の動《うご》きや心情《しんじょう》を伝《つた》えるもので、ナレーションの役割《やくわり》をしています。

常磐津《ときわづ》

浄瑠璃《じょうるり》を語《かた》る太夫《たゆう》と三味線《しゃみせん》の演奏《えんそう》で構成《こうせい》されます。江戸時代後期《えどじだいこうき》に、豊後節《ぶんごぶし》から派生《はせい》した江戸浄瑠璃《えどじょうるり》です。舞踊《ぶよう》(おどり)の伴奏《ばんそう》のほか、芝居《しばい》の背景《はいけい》に流《なが》れる音楽《おんがく》としても使《つか》われます。ゆったりして、重々《おもおも》しい特《とく》ちょうがあります。常磐津《ときわづ》の演奏者《えんそうしゃ》は、舞台《ぶたい》には柿色《かきいろ》のかみしもをつけて並《なら》びます。

© 松竹株式会社

© 松竹株式会社

清元《きよもと》

江戸浄瑠璃《えどじょうるり》のひとつで、三味線《しゃみせん》の伴奏《ばんそう》と太夫《たゆう》の語《かた》りで構成《こうせい》されます。清元節《きよもとぶし》ともいいます。情緒豊《じょうちょゆた》かな語《かた》りを高音《こうおん》の裏声《うらごえ》で語《かた》る点《てん》などが特《とく》ちょうで、男女《だんじょ》の恋《こい》の場面《ばめん》の背景《はいけい》に流《なが》れる音楽《おんがく》などとして使《つか》われます。演奏者《えんそうしゃ》は、舞台《ぶたい》に緑色《みどりいろ》のかみしもをつけて並《なら》びます。

© 松竹株式会社

ミニ情報

三味線《しゃみせん》は、安土桃山時代《あづちももやまじだい》に、琉球《りゅうきゅう》(沖縄《おきなわ》)からポルトガル船《せん》で運《はこ》ばれた三線《さんしん》がもと。このとき、楽器《がっき》だけが伝《つた》わったため、へびの皮《かわ》を犬《いぬ》やねこの皮《かわ》に変《か》え、独自《どくじ》の三味線《しゃみせん》の奏法《そうほう》が生《う》まれた。

歌舞伎《かぶき》の舞台《ぶたい》を探検《たんけん》！

歌舞伎《かぶき》が演《えん》じられる舞台《ぶたい》には、観客《かんきゃく》を楽《たの》しませる工夫《くふう》やしかけがいろいろあります。

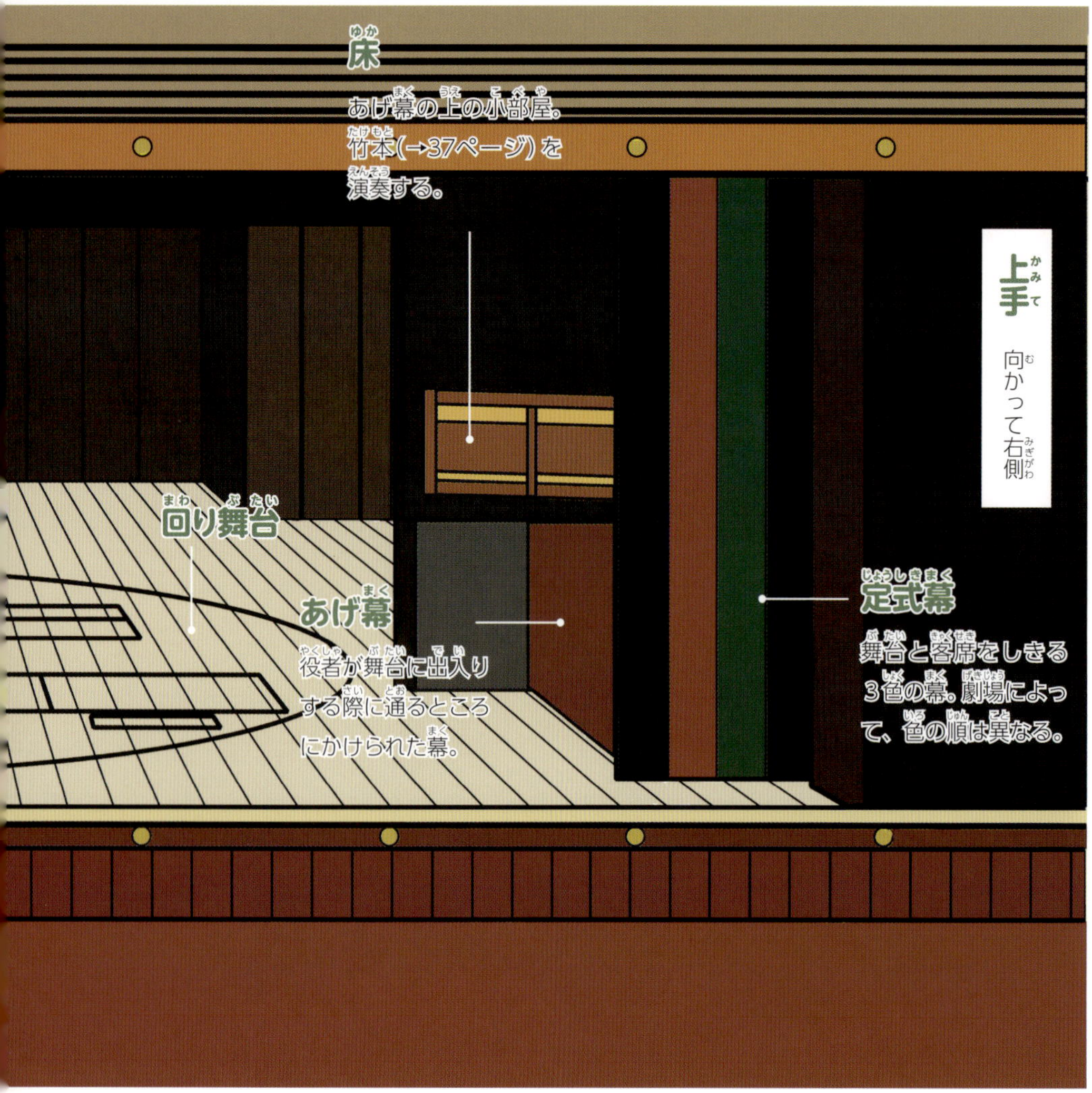
床《ゆか》
あげ幕《まく》の上《うえ》の小部屋《こべや》。竹本《たけもと》(→37ページ)を演奏《えんそう》する。
上手《かみて》
向《む》かって右側《みぎがわ》
回《まわ》り舞台《ぶたい》
あげ幕《まく》
役者《やくしゃ》が舞台《ぶたい》に出入《でい》りする際《さい》に通《とお》るところにかけられた幕《まく》。
定式幕《じょうしきまく》
舞台《ぶたい》と客席《きゃくせき》をしきる3色《しょく》の幕《まく》。劇場《げきじょう》によって、色《いろ》の順《じゅん》は異《こと》なる。

江戸時代《えどじだい》も同《おな》じような舞台《ぶたい》だったんだって。

回《まわ》り舞台《ぶたい》

舞台中央《ぶたいちゅうおう》に円形《えんけい》に切《き》られた部分《ぶぶん》。舞台装置《ぶたいそうち》や役者《やくしゃ》をのせたまま回転《かいてん》させることができます。すばやく場面《ばめん》の転《てん》かんができるほか、2つの場面《ばめん》を交互《こうご》に見《み》せることもできます（「行《い》って来《こ》い」といいます）。作者《さくしゃ》の並木正三《なみきしょうぞう》が考案《こうあん》した、世界初《せかいはつ》の舞台《ぶたい》技術《ぎじゅつ》です。

せり

舞台上《ぶたいじょう》にある、四角《しかく》く切《き》られた部分《ぶぶん》。上下《じょうげ》に動《うご》くようにつくられています。舞台《ぶたい》の下《した》から急《きゅう》に役者《やく》が現《あらわ》れたり、舞台《ぶたい》の下《した》へ消《き》えたりする演出《えんしゅつ》に使《つか》われます。せりを使《つか》って大《おお》がかりな舞台装置《ぶたいそうち》を舞台上《ぶたいじょう》に出《だ》したりすることもあります。

ミニ情報 歌舞伎《かぶき》の舞台《ぶたい》にある工夫《くふう》は、江戸時代《えどじだい》に観客《かんきゃく》を引《ひ》きつけるために考《かんが》えられたもの。当時《とうじ》は人力《じんりき》で動《うご》かしていたものを現在《げんざい》は電力《でんりょく》で動《うご》かすといったちがいはあるが、基本的《きほんてき》には変《か》わっていない。

下手《しもて》
向《む》かって左側《ひだりがわ》
黒御簾《くろみす》
下手《しもて》にある部屋《へや》。すだれがかかっている。この中《なか》で音楽《おんがく》の演奏《えんそう》などが行《おこな》われる。
せり
すっぽん
花道《はなみち》
奈落《ならく》
舞台《ぶたい》や花道《はなみち》の地下《ちか》。

花道《はなみち》

舞台《ぶたい》の下手側《しもてがわ》から客席《きゃくせき》にのびている細長《ほそなが》い廊下《ろうか》のような場所《ばしょ》で、舞台《ぶたい》の一部《いちぶ》として使《つか》われます。演目《えんもく》にあわせて、山道《やまみち》や御殿《ごてん》の通《とお》り道《みち》など、さまざまな設定《せってい》で使《つか》われます。役者《やくしゃ》が客席《きゃくせき》の間《あいだ》を通《とお》るので、観客《かんきゃく》は役者《やくしゃ》を近《ちか》くに見《み》ることができ、盛《も》り上《あ》がります。

すっぽん

花道《はなみち》にあるせり。舞台《ぶたい》から三分《さんぶ》(10分《ぶん》の3)の位置《いち》につくられています。亡霊《ぼうれい》や動物《どうぶつ》など、人間《にんげん》ではないものが現《あらわ》れたり消《き》えたりします。その様子《ようす》を、すっぽん(かめの一種《いっしゅ》)が首《くび》をこうらに出《だ》し入《い》れする様子《ようす》に見立《みた》てたよび方《かた》です。

ミニ情報　歌舞伎衣装《かぶきいしょう》の小忌衣《おみごろも》は、長《なが》いすそがあり、大《おお》きなえりと胸《むね》の丸《まる》いかざりひもがついている上着《うわぎ》。これは、現実《げんじつ》にあった着物《きもの》ではなく、高貴《こうき》な人《ひと》の衣装《いしょう》はこうだろうという想像《そうぞう》でつくられた着物《きもの》。

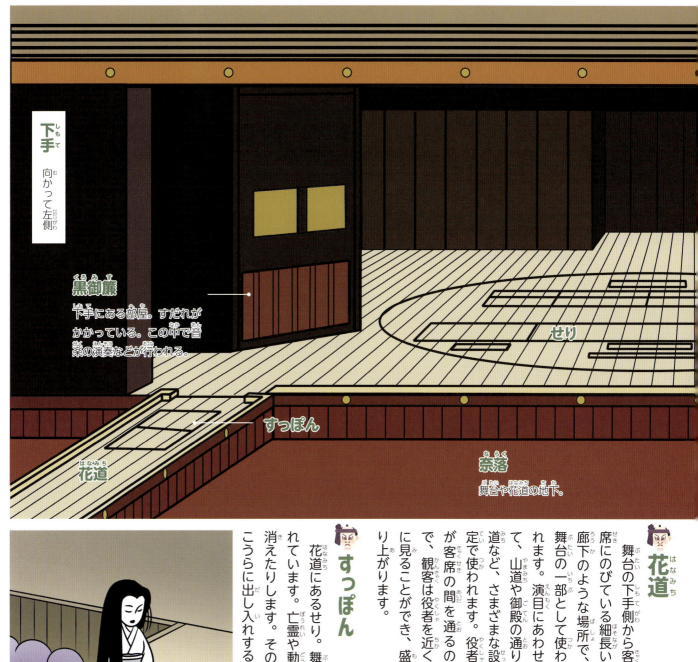

歌《か》舞《ぶ》伎《き》を鑑《かん》賞《しょう》しよう！

歌舞伎《かぶき》には人気《にんき》の高《たか》い演目《えんもく》がたくさんあります。とくに有名《ゆうめい》な演目《えんもく》を紹介《しょうかい》します。

勧進帳《かんじんちょう》

兄《あに》・源頼朝《みなもとのよりとも》に追《お》われる身《み》となった義経《よしつね》は、家来《けらい》の弁慶《べんけい》らとともに山伏《やまぶし》に変装《へんそう》して都《みやこ》からにげ落《お》ちますが、途中《とちゅう》の関所《せきしょ》で厳《きび》しい取《と》り調《しら》べを受《う》けます。勧進帳《かんじんちょう》（寄付《きふ》をたのむ趣意書《しゅいしょ》）を読《よ》めといわれた弁慶《べんけい》は、白紙《はくし》の巻《ま》き物《もの》を読《よ》みます。さらに主君《しゅくん》である義経《よしつね》をつえでたたき、ようやく関所《せきしょ》を通《とお》ります。

弁慶《べんけい》は、最後《さいご》に飛《と》び六方《ろっぽう》をするなど、見《み》せ場《ば》の多《おお》い豪快《ごうかい》な役《やく》どころ。弁慶《べんけい》を演《えん》じる役者《やくしゃ》は、はっきりしたせりふ回《まわ》しはもちろん、舞踊《ぶよう》（おどり）の技術《ぎじゅつ》も必要《ひつよう》とされる。

京鹿子娘道成寺《きょうがのこむすめどうじょうじ》

道成寺《どうじょうじ》の鐘《かね》の中《なか》ににげた男《おとこ》を鐘《かね》ごと焼《や》き殺《ころ》したという清姫《きよひめ》の伝説《でんせつ》をもとにした演目《えんもく》。鐘供養《かねくよう》の日《ひ》に現《あらわ》れた白拍子《しらびょうし》（歌《うた》って舞《ま》う芸《げい》を見《み》せる女性《じょせい》）の花子《はなこ》が、色《いろ》とりどりの衣装《いしょう》でさまざまなおどりを見《み》せたあと、へびの本性《ほんしょう》を現《あらわ》して鐘《かね》の上《うえ》から僧《そう》たちを見下《みお》ろします。

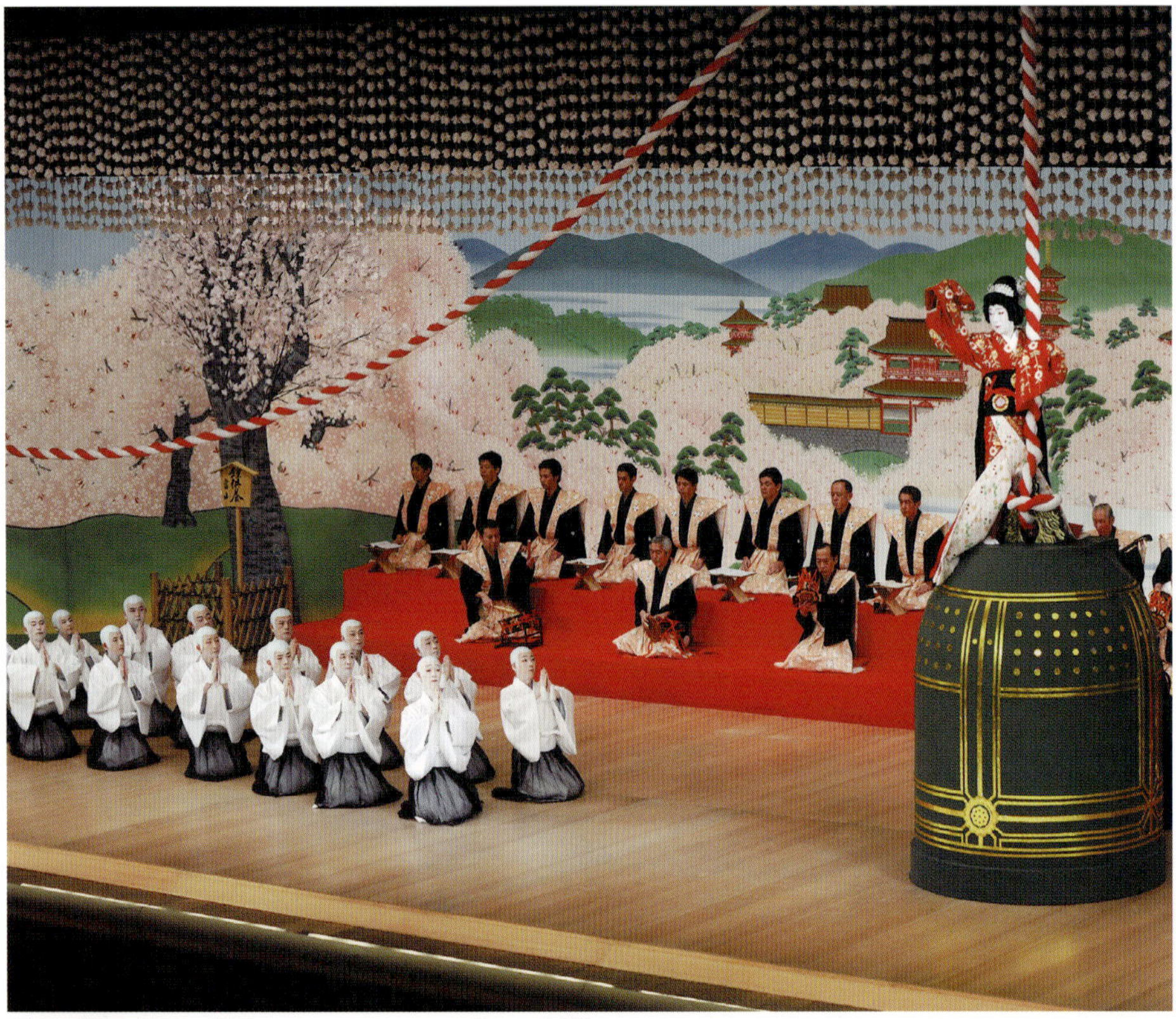

恋《こい》する娘《むすめ》の切《せつ》ない心持《こころも》ちを、あざやかな舞《ま》いで表現《ひょうげん》する。

ミニ情報　歌舞伎役者《かぶきやくしゃ》には、役者名《やくしゃめい》と別《べつ》に屋号《やごう》がある。市川團十郎家《いちかわだんじゅうろうけ》は成田屋《なりたや》、尾上菊五郎家《おのえきくごろうけ》は音羽屋《おとわや》などと決《き》まっている。歌舞伎《かぶき》で客席《きゃくせき》から役者《やくしゃ》にかけ声《ごえ》をかけるときは、屋号《やごう》でかける。

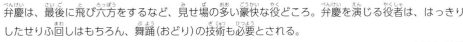

仮名手本忠臣蔵《かなでほんちゅうしんぐら》

江戸時代前期《えどじだいぜんき》に起《お》こった赤穂事件《あこうじけん》を題材《だいざい》にしています。江戸城内《えどじょうない》で吉良《きら》上野介《こうづけのすけ》にきりつけ、切腹《せっぷく》を命《めい》じられた主君《しゅくん》・浅野内匠頭《あさのたくみのかみ》のかたきをうった大石内蔵助《おおいしくらのすけ》ら義士《ぎし》の話《はなし》を、時代《じだい》をさかのぼらせて構成《こうせい》している時代物《じだいもの》で、室町時代《むろまちじだい》のできごととして上演《じょうえん》します。人形浄瑠璃《にんぎょうじょうるり》の脚本《きゃくほん》として書《か》かれた話《はなし》を歌舞伎《かぶき》でも演《えん》じるようになったものです。

あだうちの志半《こころざしなか》ばで死《し》んでいく忠臣《ちゅうしん》の姿《すがた》もえがかれる。

© 松竹株式会社

青砥稿花紅彩画《あおとぞうしはなのにしきえ》（白浪五人男《しらなみごにんおとこ》）

「白浪《しらなみ》」は盗賊《とうぞく》のことで、5人《にん》の盗賊《とうぞく》が登場《とうじょう》します。物語《ものがたり》の最後《さいご》で、追《お》いつめられた盗賊《とうぞく》たちが土手《どて》に集《あつ》まり名乗《なの》りをあげます。五人《ごにん》の男《おとこ》が並《なら》んで長《なが》ゼリフをいう場面《ばめん》は名場面《めいばめん》。また、若《わか》い娘《むすめ》に変装《へんそう》していた盗賊《とうぞく》の弁天小《べんてんこ》僧《ぞう》が正体《しょうたい》を現《あらわ》すときにいう「知《し》らざあ言《い》ってきかせやしょう」で始《はじ》まるせりふはよく知《し》られています。「弁天娘女男白浪《べんてんむすめめおのしらなみ》」ともいわれます。

5人《にん》の男《おとこ》が勢《せい》ぞろいして並《なら》ぶ「稲瀬川勢揃《いなせがわせいぞろい》」の場《ば》。さまざまな歌舞伎《かぶき》の演目《えんもく》の中《なか》でも最《もっと》も有名《ゆうめい》な場面《ばめん》のひとつ。

© 松竹株式会社

ミニ情報

19世紀初《せいきはじ》めに、四世鶴屋南北《よんせいつるやなんぼく》が歌舞伎作家《かぶきさっか》として活《かつ》やくし、「東海道四谷怪談《とうかいどうよつやかいだん》」などを書《か》いて人気《にんき》となった。江戸時代末期《えどじだいまっき》から明治時代《めいじじだい》にかけては「青砥稿花紅彩画《あおとぞうしはなのにしきえ》」の作者河竹黙阿弥《さくしゃかわたけもくあみ》が活《かつ》やくした。

義経千本桜《よしつねせんぼんざくら》

源平《げんぺい》の合戦《がっせん》で手柄《てがら》を立《た》てたものの、追《お》われる身《み》になった源義経《みなもとのよしつね》に、死《し》んだはずの平家《へいけ》の武将《ぶしょう》、平知盛《たいらのとももり》ら3人《にん》が復《ふく》しゅうをちかいます。また、義経《よしつね》を思《おも》う静御前《しずかごぜん》と親《おや》をしたう子《こ》ぎつねもえがかれます。

はなやかなおどりの場面《ばめん》や武将《ぶしょう》たちの勇《いさ》ましい場面《ばめん》など、見《み》どころが多《おお》い。

曽根崎心中《そねざきしんじゅう》

さまざまな事情《じじょう》から死《し》ななければならなくなった男女《だんじょ》の物語《ものがたり》です。浄瑠璃《じょうるり》の台本作家《だいほんさっか》の近松門左衛門《ちかまつもんざえもん》（↓44ページ）が原作《げんさく》を書《か》きました。江戸時代《えどじだい》に数回上演《すうかいじょうえん》されてからはほとんど上演《じょうえん》されていませんでしたが、1953（昭和《しょうわ》28）年《ねん》に、新《あたら》しい台本《だいほん》で上演《じょうえん》され、以来《いらい》たびたび上演《じょうえん》されています。

この世《よ》では結《むす》ばれないと、死《し》を選《えら》んだお初《はつ》と徳兵衛《とくべえ》の物語《ものがたり》。

ミニ情報

歌舞伎《かぶき》には、犬《いぬ》、ねこ、牛《うし》、馬《うま》、いのししなど、さまざまな動物《どうぶつ》が登場《とうじょう》する。イノシシなどは役者《やくしゃ》が着《き》ぐるみを着《き》て演《えん》じる。馬《うま》のように大《おお》きい動物《どうぶつ》は、ふたりで前足《まえあし》と後《うし》ろ足《あし》になることもある。

東海道四谷怪談《とうかいどうよつやかいだん》

夫《おっと》の民谷伊右衛門《たみやいえもん》の悪行《あくぎょう》のために、顔《かお》が変《か》わり、ついにはうらみを残《のこ》して死《し》んでいったお岩《いわ》が、幽霊《ゆうれい》となって現《あらわ》れ、伊右衛門《いえもん》をなやませます。毒《どく》を飲《の》まされたお岩《いわ》が髪《かみ》をすくと、次々《つぎつぎ》に髪《かみ》の毛《け》がぬけていく場面《ばめん》や、戸板《といた》にはりつけられた死体《したい》など、恐怖《きょうふ》の演出《えんしゅつ》が取《と》り入《い》れられています。

お岩《いわ》の亡霊《ぼうれい》が仏壇《ぶつだん》の後《うし》ろから現《あらわ》れ、伊右衛門《いえもん》の友人《ゆうじん》を仏壇《ぶつだん》の中《なか》に引《ひ》きこむなどのしかけで観客《かんきゃく》の恐怖《きょうふ》をあおる。

© 松竹株式会社

ヤマトタケル

神話《しんわ》に登場《とうじょう》する英雄《えいゆう》、ヤマトタケルの半生《はんせい》をドラマにした演目《えんもく》です。哲学者《てつがくしゃ》の梅原猛《うめはらたけし》が書《か》き下《お》ろした作品《さくひん》で、1986(昭和《しょうわ》61)年《ねん》に初《はじ》めて演《えん》じられました。伝統的《でんとうてき》な歌舞伎《かぶき》に新《あたら》しい演出《えんしゅつ》を加《くわ》えたことで、「スーパー歌舞伎《かぶき》」とよばれています。「ヤマトタケル」では、はでな立《た》ち回《まわ》り、宙乗《ちゅうの》りなどの舞台装置《ぶたいそうち》、きらびやかな衣装《いしょう》、打楽器《だがっき》を用《もち》いた現代音楽《げんだいおんがく》などが取《と》り入《い》れられています。

父《ちち》の帝《みかど》のいかりをかったヤマトタケルがクマソやエミシをうつ旅《たび》に出《で》る。

© 松竹株式会社

観客《かんきゃく》の心《こころ》をつかむ現代風《げんだいふう》の演出《えんしゅつ》が、いろいろととり入《い》れられている。ごうかな衣装《いしょう》を着《き》た役者《やくしゃ》の宙乗《ちゅうの》りは見《み》どころのひとつ。

© 松竹株式会社

ミニ情報 役者《やくしゃ》が宙《ちゅう》にうく「宙乗《ちゅうの》り」は、派手《はで》な演出《えんしゅつ》のひとつ。現在《げんざい》はワイヤーで役者《やくしゃ》をつって動《うご》かすが、江戸時代《えどじだい》は、つなでつり上《あ》げた役者《やくしゃ》を天井《てんじょう》にいる人《ひと》が動《うご》かしていた。

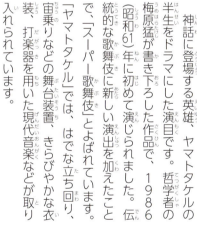

おまけの探検《たんけん》

文楽《ぶんらく》

文楽《ぶんらく》は人形浄瑠璃《にんぎょうじょうるり》ともいい、太夫《たゆう》、三味線《しゃみせん》（三味線《しゃみせん》ひき）、人形《にんぎょう》つかいの3者《しゃ》が一体《いったい》となって物語《ものがたり》を演《えん》じます。1体《たい》の人形《にんぎょう》を3人《にん》で動《うご》かすという、世界《せかい》でも例《れい》のない演劇《えんげき》です。

【人形浄瑠璃文楽『義経千本桜』】 国立劇場蔵

文楽《ぶんらく》の歴史《れきし》

室町《むろまち》時代《じだい》に、牛若丸《うしわかまる》（源《げん》平合戦《ぺいがっせん》で活《かつ》やくした源義経《みなもとのよしつね》の幼名《ようみょう》）と浄瑠璃姫《じょうるりひめ》の恋《れん》愛物語《あいものがたり》が、琵琶《びわ》の演奏《えんそう》などで演《えん》じられる浄瑠璃節《じょうるりぶし》が人《にん》気《き》でした。これが、後《のち》に日《にっ》本《ぽん》に入《はい》ってきた三味線《しゃみせん》で伴《ばん》奏《そう》されるようになり、江戸《えど》時代初期《じだいしょき》に人形《にんぎょう》あやつりと結《むす》びついて人形浄瑠璃《にんぎょうじょうるり》が生《う》まれました。

17世紀末《せいきまつ》から18世紀初《せいきはじ》めの元禄時代《げんろくじだい》に、義太夫節《ぎだゆうぶし》の竹本義太夫《たけもとぎだゆう》と近松門左衛門《ちかまつもんざえもん》の台本《だいほん》によって人気《にんき》が高《たか》まりました。

江戸《えど》時代後期《じだいこうき》に、おとろえていた人形浄瑠璃《にんぎょうじょうるり》を復興《ふっこう》した植村文楽軒《うえむらぶんらくけん》の名前《なまえ》から、「文楽《ぶんらく》」とよばれるようになりました。

竹本義太夫《たけもとぎだゆう》

1651～1714年《ねん》。江戸《えど》時代中期《じだいちゅうき》に、義太夫節《ぎだゆうぶし》という浄瑠璃《じょうるり》を始《はじ》め、活《かつ》やくした太夫《たゆう》（語《かた》りの役目《やくめ》）です。大阪《おおさか》に竹本座《たけもとざ》をおこし、近松門左衛門《ちかまつもんざえもん》が書《か》いた作品《さくひん》を多《おお》く語《かた》りました。中《なか》でも「曽根崎心中《そねざきしんじゅう》」は高《たか》く評価《ひょうか》されました。

近松門左衛門《ちかまつもんざえもん》

1653～1724年《ねん》。元禄時代《げんろくじだい》を代表《だいひょう》する人形浄《にんぎょうじょう》瑠璃《るり》と歌舞伎《かぶき》の台本作者《だいほんさくしゃ》です。上方《かみがた》（大阪《おおさか》・京都《きょうと》）で活《かつ》やくし、数々《かずかず》の名作《めいさく》を送《おく》り出《だ》しました。元禄時代《げんろくじだい》以前《いぜん》の歌舞伎《かぶき》では俳優《はいゆう》が作者《さくしゃ》をかねていましたが、近松《ちかまつ》から作者《さくしゃ》の専門化《せんもんか》が進《すす》みました。

文楽《ぶんらく》と歌舞伎《かぶき》

人形浄瑠璃《にんぎょうじょうるり》用《よう》に書《か》かれた台本《だいほん》は、歌舞伎《かぶき》でも演《えん》じられました。歌舞伎《かぶき》の三大名作《さんだいめいさく》といわれる「義経千本桜《よしつねせんぼんざくら》」、「仮名手本忠臣蔵《かなでほんちゅうしんぐら》」、「菅原伝授手《すがわらでんじゅて》習鑑《ならいかがみ》」は、どれももともと人形浄瑠璃《にんぎょうじょうるり》のために書《か》かれた作品《さくひん》でした。

ミニ情報 文楽《ぶんらく》の「菅原伝授手習鑑《すがわらでんじゅてならいかがみ》」、「義経千本桜《よしつねせんぼんざくら》」、「仮名手本忠臣蔵《かなでほんちゅうしんぐら》」は、いずれも18世紀半《せいきなか》ばにつくられた作品《さくひん》。文楽《ぶんらく》の三大名作とされ、現在《げんざい》も人気《にんき》が高《たか》い。

文楽《ぶんらく》を演《えん》じる人《ひと》

文楽《ぶんらく》は、語《かた》り手《て》である太夫《たゆう》と三味線《しゃみせん》、人形《にんぎょう》つかいの三者《さんしゃ》を三業《さんぎょう》とよびます。

三味線《しゃみせん》

さまざまな音色《ねいろ》で情景《じょうけい》や心情《しんじょう》を表現《ひょうげん》します。太夫《たゆう》のパートナーとして、語《かた》りを補《おぎな》い、助《たす》け、物語《ものがたり》を演出《えんしゅつ》する役割《やくわり》を果《は》たします(写真《しゃしん》向《む》かって右《みぎ》)。

太夫《たゆう》

場面《ばめん》の説明《せつめい》や人物《じんぶつ》のせりふなど、物語《ものがたり》のすべてをひとりで語《かた》ります。物語《ものがたり》にえがかれる情景《じょうけい》や人物《じんぶつ》の感情《かんじょう》を、聞《き》き手《て》にありありと伝《つた》えます(写真《しゃしん》向《む》かって左《ひだり》)。

【人形浄瑠璃文楽『心中宵庚申』】 国立劇場蔵

人形《にんぎょう》つかい

1体《たい》の人形《にんぎょう》を主《おも》づかい、左《ひだり》づかい、足《あし》づかいの3人《にん》であやつります。3人《にん》であやつることで、より動《うご》きが生《い》き生《い》きとします。大《おお》きく体《からだ》をそらすなど、人形《にんぎょう》ならではの動《うご》きもでき、物語《ものがたり》を豊《ゆた》かに表現《ひょうげん》できます。

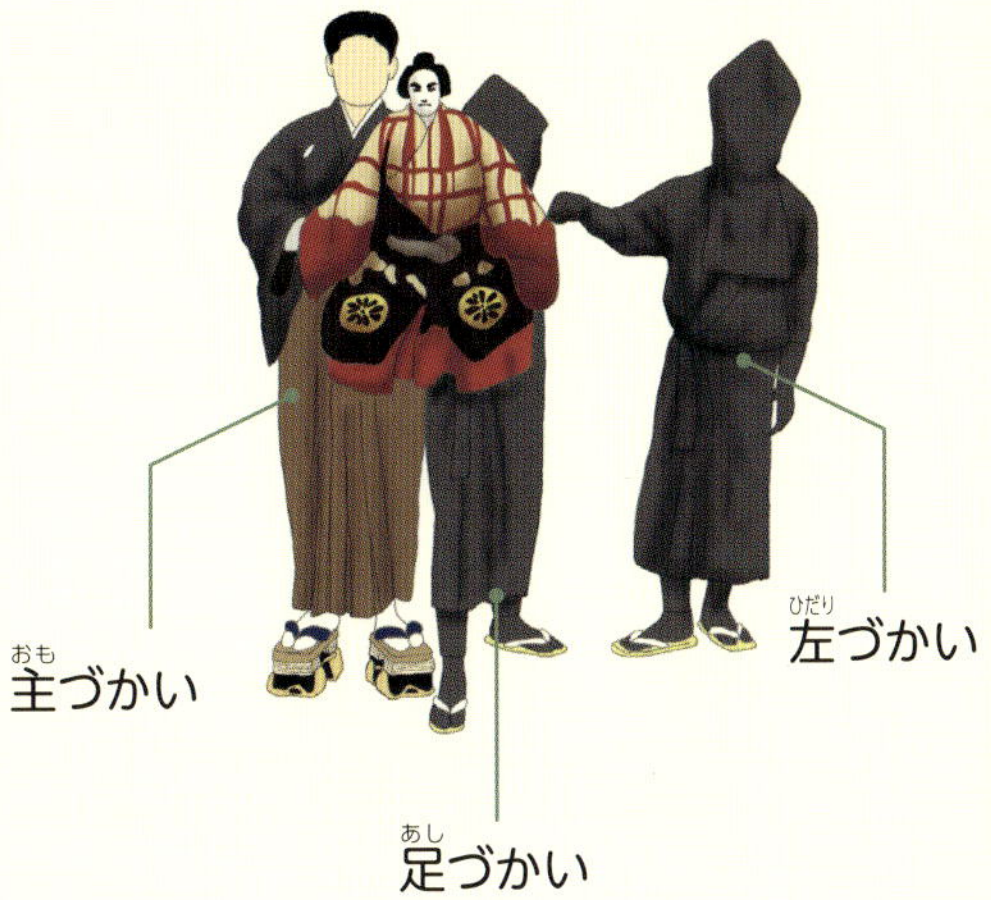
主《おも》づかい
左《ひだり》づかい
足《あし》づかい

国立劇場蔵

文楽《ぶんらく》の舞台《ぶたい》

客席《きゃくせき》から見《み》て右側《みぎがわ》が上手《かみて》、左側《ひだりがわ》が下手《しもて》です。上手《かみて》と下手《しもて》に下《さ》がっている小幕《こまく》から人形《にんぎょう》が出入《でい》りします。上《かみ》手《て》の舞台《ぶたい》の手前《てまえ》に、客席《きゃくせき》へななめにつき出《で》た床《ゆか》があり、太夫《たゆう》と三味線《しゃみせん》がここに座《すわ》って語《かた》り、演奏《えんそう》します。

御簾内《みすうち》
すだれがかかっている小部屋《こべや》。若手《わかて》の太夫《だゆう》と三味線《しゃみせん》が床《ゆか》に出《で》ずに演奏《えんそう》する場合《ばあい》に使《つか》う。
小幕《こまく》

小幕《こまく》
舞台《ぶたい》の左右《さゆう》に下《さ》がっている幕《まく》で、ここから人形《にんぎょう》が舞台《ぶたい》に出入《でい》りする。

屋体《やたい》
家《いえ》や店《みせ》などの建物《たてもの》に見立《みた》てたつくりものや、背景《はいけい》をえがいた装置《そうち》など。

床《ゆか》
太夫《たゆう》と三味線《しゃみせん》が並《なら》んで座《すわ》る。上手側《かみてがわ》にあり、舞台《ぶたい》とは少《すこ》しはなれている。

ミニ情報
太夫《たゆう》と三味線《しゃみせん》が登場《とうじょう》したあと、黒《くろ》ずくめの衣装《いしょう》の人形《にんぎょう》つかいが出《で》てきて、作品名《さくひんめい》、太夫《たゆう》と三味線《しゃみせん》の名前《なまえ》を紹介《しょうかい》する。人形《にんぎょう》つかいの名前《なまえ》は紹介《しょうかい》されない。

年表《ねんぴょう》 能《のう》・狂言《きょうげん》・歌舞伎《かぶき》

年代《ねんだい》	700	800	900	1000	1100	1200
時代《じだい》	飛鳥《あすか》／奈良《なら》	平安《へいあん》	平安《へいあん》	平安《へいあん》	平安《へいあん》	鎌倉《かまくら》
主《おも》なできごと	都《みやこ》が平城京《へいじょうきょう》にうつされる	都《みやこ》が平安京《へいあんきょう》にうつされる				鎌倉幕府《かまくらばくふ》が開《ひら》かれる
能《のう》	8世紀《せいき》 中国《ちゅうごく》から「散楽《さんがく》」が伝《つた》わる。	9世紀《せいき》 散楽《さんがく》から「猿楽《さるがく》」がおこる。		11世紀《せいき》 田植《たう》えなどの際《さい》におどる田楽《でんがく》がさかんになる。		
狂言《きょうげん》		9世紀《せいき》 散楽《さんがく》から「猿楽《さるがく》」がおこる。				
歌舞伎《かぶき》						

田楽《でんがく》

田中有美 編『年中行事絵巻考』巻 9, 田中文庫 , 大正 9. 国立国会図書館デジタルコレクション https://dl.ndl.go.jp/pid/966671（参照 2025-02-18）

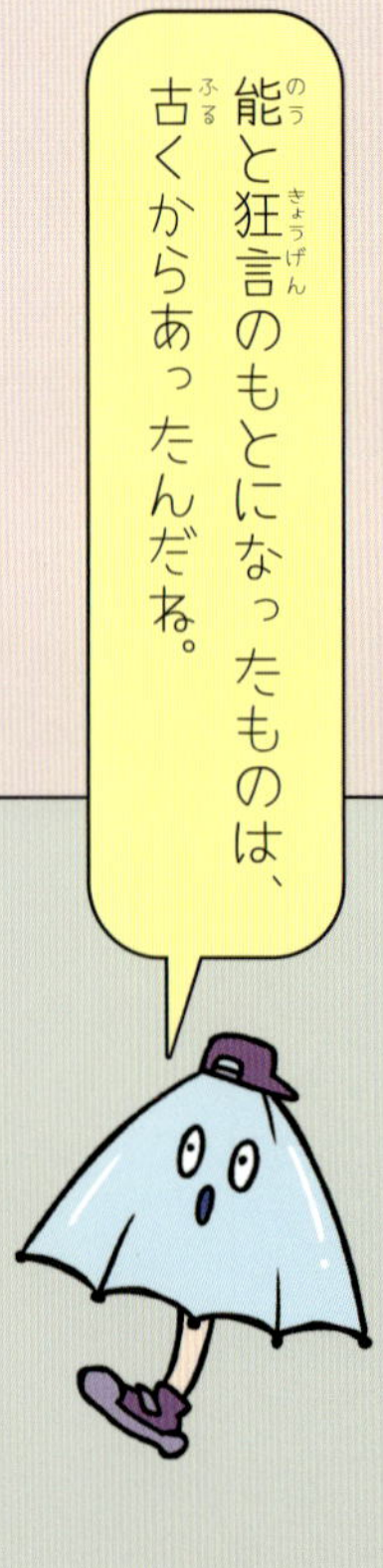

能《のう》と狂言《きょうげん》のもとになったものは、古《ふる》くからあったんだね。

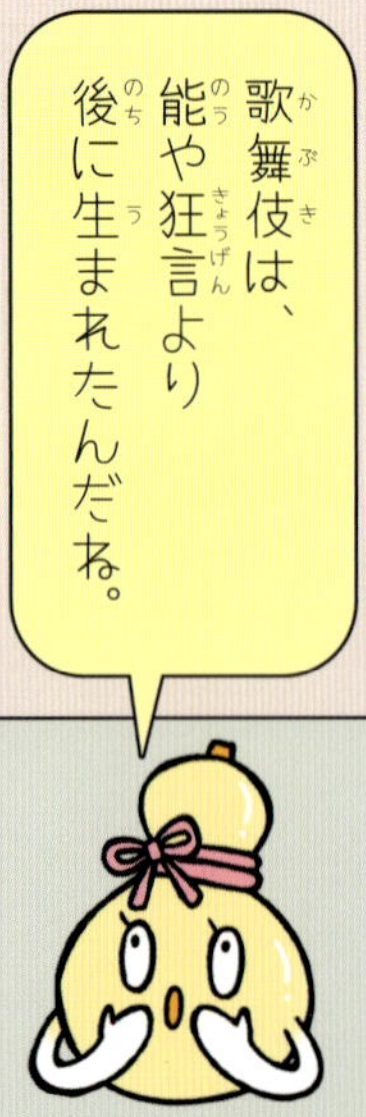

歌舞伎《かぶき》は、能《のう》や狂言《きょうげん》より後《のち》に生《う》まれたんだね。

ミニ情報 1966年《ねん》に、歌舞伎《かぶき》、文楽《ぶんらく》などを上演《じょうえん》する国立劇場《こくりつげきじょう》が開場《かいじょう》した。その後《ご》、1983年《ねん》に能楽《のうがく》（能《のう》、狂言《きょうげん》）を上演《じょうえん》する国立能楽堂《こくりつのうがくどう》が、1984年《ねん》に文楽《ぶんらく》を中心《ちゅうしん》に上方芸能《かみがたげいのう》を上演《じょうえん》する国立文楽劇場《こくりつぶんらくげきじょう》が開場《かいじょう》した。

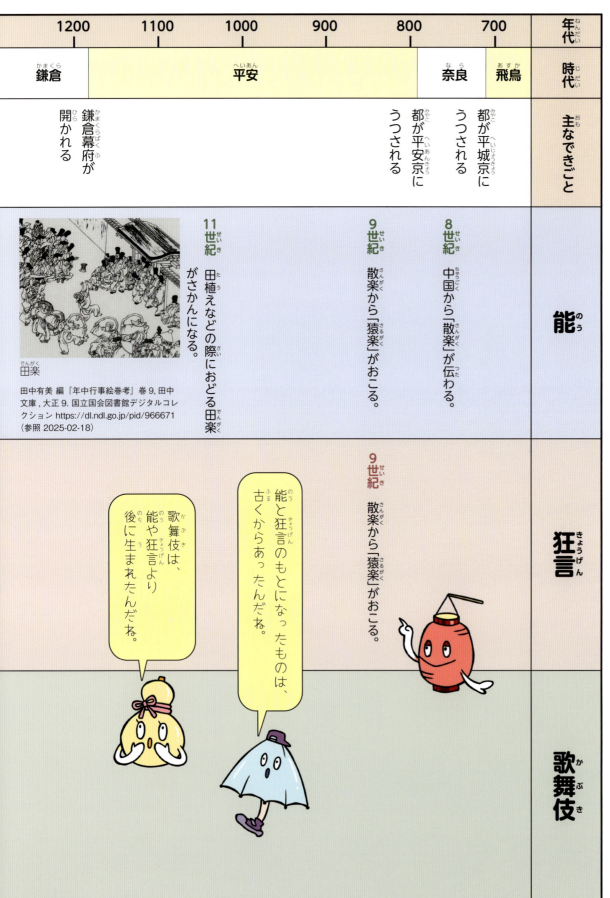

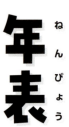

2000	1900	1800	1700	1600	1500	1400	1300

令和《れいわ》　平成《へいせい》　昭和《しょうわ》　大正《たいしょう》　明治《めいじ》　江戸《えど》　安土《あづち》桃山《ももやま》　戦国《せんごく》　室町《むろまち》　南北朝《なんぼくちょう》

室町幕府《むろまちばくふ》が開《ひら》かれる

応仁《おうにん》の乱《らん》

江戸幕府《えどばくふ》が開《ひら》かれる

ペリー来航《らいこう》

明治維新《めいじいしん》

太平洋戦争《たいへいようせんそう》

13世紀《せいき》 猿楽《さるがく》を演《えん》じる集団《しゅうだん》(座《ざ》)が各地《かくち》に生《う》まれる。

1374ごろ 観阿弥《かんあみ》が猿楽《さるがく》や田楽《でんがく》から能《のう》を大成《たいせい》する。

1400ごろ 世阿弥《ぜあみ》が『風姿花伝《ふうしかでん》』を著《あらわ》す。

16世紀末期《せいきまっき》 豊臣秀吉《とよとみひでよし》が能《のう》を保護《ほご》する。

17世紀前半《せいきぜんはん》 能《のう》が武士《ぶし》の芸能《げいのう》とされ、幕府《ばくふ》や大名《だいみょう》の保護《ほご》を受《う》ける。

18世紀《せいき》ごろ 能《のう》の謡《うたい》の本《ほん》が出版《しゅっぱん》されるようになる。

18世紀《せいき》ごろ 寺子屋《てらこや》で謡《うたい》が教《おし》えられる。

19世紀後半《せいきこうはん》 「猿楽《さるがく》」から「能《のう》」によび名《な》がかわる。

2008 ユネスコの無形文化遺産《むけいぶんかいさん》に登録《とうろく》される。

14世紀《せいき》 狂言《きょうげん》が独立《どくりつ》した芸能《げいのう》となり、能《のう》とともに演《えん》じられるようになる。

16世紀末期《せいきまっき》 豊臣秀吉《とよとみひでよし》が狂言《きょうげん》を保護《ほご》する。

17世紀前半《せいきぜんはん》 能《のう》とともに、幕府《ばくふ》や大名《だいみょう》の保護《ほご》を受《う》ける。

17世紀後半《せいきこうはん》~18世紀前半《せいきぜんはん》 狂言《きょうげん》の読《よ》み物《もの》『狂言記《きょうげんき》』が出版《しゅっぱん》される。

19世紀後半《せいきこうはん》 幕府《ばくふ》などの保護《ほご》を失《うしな》う。

1950年《ねん》ごろ 狂言《きょうげん》が見直《みなお》され、狂言《きょうげん》ブームがおこる。

2008 ユネスコの無形文化遺産《むけいぶんかいさん》に登録《とうろく》される。

写真提供：@KYOTOMUSE（京都国立博物館）

1603 出雲阿国《いずものおくに》の「かぶきおどり」が評判《ひょうばん》になる。

17世紀半《せいきなか》ば 野郎歌舞伎《やろうかぶき》がおこる。

1718 江戸《えど》に屋根《やね》つきの歌舞伎《かぶき》舞台《ぶたい》が許可《きょか》される。

19世紀前半《せいきぜんはん》 江戸《えど》の歌舞伎《かぶき》が全盛期《ぜんせいき》となる。

1889 歌舞伎座《かぶきざ》が建《た》てられる。

1966 国立劇場《こくりつげきじょう》が建《た》てられる。

2008 ユネスコの無形文化遺産《むけいぶんかいさん》に登録《とうろく》される。

ミニ情報 無形文化遺産《むけいぶんかいさん》とは、世界《せかい》の伝統芸能《でんとうげいのう》などの保護《ほご》を目的《もくてき》としてユネスコが採択《さいたく》する。日本《にっぽん》では、能楽《のうがく》(能《のう》、狂言《きょうげん》)、歌舞伎《かぶき》、文楽《ぶんらく》のほか、雅楽《ががく》、早池峰神楽《はやちねかぐら》、アイヌ古式舞踊《こしきぶよう》、風流踊《ふりゅうおどり》などが登録《とうろく》されている。

さくいん

あ行《ぎょう》

藍《あい》ぐま……36
葵上《あおいのうえ》……18
青砥稿花紅彩画《あおとぞうしはなのにしきえ》……41
赤頭《あかがしら》……13
赤姫《あかひめ》……35
あげ幕《まく》……11、38
敦盛《あつもり》……18
アド……26
後座《あとざ》……10
荒事《あらごと》……33
和泉流《いずみりゅう》……29
出雲阿国《いずものおくに》……32、47
『伊勢物語《いせものがたり》』……8、19
市川團十郎《いちかわだんじゅうろう》……33
一《いち》の松《まつ》……11
一場物《いちばもの》……17
市松模様《いちまつもよう》……33
井筒《いづつ》……19
一本《いっぽん》ぐま……36
稲瀬川勢揃《いなせがわせいぞろい》……41
植村文楽軒《うえむらぶんらくけん》……44
うそふき……29
謡《うたい》……15、47
靭猿《うつぼざる》……25、27
梅原猛《うめはらたけし》……43
瓜盗人《うりぬすびと》……29
大口《おおくち》……13
大蔵流《おおくらりゅう》……29
大癋見《おおべしみ》……12
翁《おきな》……11、13、17
翁扇《おきなおうぎ》……13
乙御前《おとごぜ》……29
小忌衣《おみごろも》……39
女形《おんながた》……35

か行《ぎょう》

鏡板《かがみいた》……10
鏡《かがみ》の間《ま》……11
柿山伏《かきやまぶし》……28
『花鏡《かきょう》』……14
蚊相撲《かずもう》……28
敵役《かたきやく》……34
仮名手本忠臣蔵《かなでほんちゅうしんぐら》……34、41、44
仮髪《かはつ》……13
かぶきおどり……32、47
歌舞伎座《かぶきざ》……47
狩衣《かりぎぬ》……13
河竹黙阿弥《かわたけもくあみ》……41
観阿弥《かんあみ》……6、15、22、47
勧進帳《かんじんちょう》……40
観世流《かんぜりゅう》……15
『義経記《ぎけいき》』……8
きざはし……10
北野神社《きたのじんじゃ》……32
喜多流《きたりゅう》……15
京鹿子娘道成寺《きょうがのこむすめどうじょうじ》……40
『狂言記《きょうげんき》』……47
清元《きよもと》……37
くまどり……36
黒衣《くろご》……35
黒御簾《くろみす》……39
現在能《げんざいのう》……7、8
『源氏物語《げんじものがたり》』……8、18
賢徳《けんとく》……29
後見《こうけん》……9、35
後見柱《こうけんばしら》……10
小面《こおもて》……12
『古今和歌集《こきんわかしゅう》』……19
黒式尉《こくしきじょう》……12
国立劇場《こくりつげきじょう》……46、47
国立能楽堂《こくりつのうがくどう》……46
国立文楽劇場《こくりつぶんらくげきじょう》……46
小尉《こじょう》……12
五番立《ごばんだて》……8
小幕《こまく》……45
金剛流《こんごうりゅう》……15
『今昔物語集《こんじゃくものがたりしゅう》』……8
金春流《こんぱるりゅう》……15

さ行《ぎょう》

座《ざ》……7、47
坂田藤十郎《さかたとうじゅうろう》……33
鷺流《さぎりゅう》……29
佐野川市松《さのがわいちまつ》……33
猿楽《さるがく》……6、7、14、22、46
散楽《さんがく》……6、14、46
三業《さんぎょう》……45
三線《さんしん》……37
三《さん》の松《まつ》……11
三番叟《さんばそう》……17
三枚目《さんまいめ》……34
地謡《じうたい》……7、9、10
地謡座《じうたいざ》……10
時代物《じだいもの》……35
シテ……9、11、16、26
シテ方《かた》……8、9
仕手柱《してばしら》……10
芝居小屋《しばいごや》……33
三味線《しゃみせん》……37、44、45
三味線《しゃみせん》ひき……44
主《しゅう》……24
修羅扇《しゅらおうぎ》……13
尉扇《じょうおうぎ》……13
定式幕《じょうしきまく》……38
装束《しょうぞく》……13
浄瑠璃《じょうるり》……33
序《じょ》・破《は》・急《きゅう》……14
白州《しらす》……10
白浪五人男《しらなみごにんおとこ》……41
次郎冠者《じろうかじゃ》……24
新皿屋舗月雨暈《しんさらやしきつきのあまがさ》……35
菅原伝授手習鑑《すがわらでんじゅてならいかがみ》……44
助六由縁江戸桜《すけろくゆかりのえどざくら》……34
すじぐま……36
すっぽん……39
隅田川《すみだがわ》……17
世阿弥《ぜあみ》……6、14、15、22、47
せり……38
世話物《せわもの》……35
千両役者《せんりょうやくしゃ》……35
曽根崎心中《そねざきしんじゅう》……42、44

た行《ぎょう》

代赭《たいしゃ》ぐま……36
高砂《たかさご》……19
高安流《たかやすりゅう》……16
薪能《たきぎのう》……11
竹本《たけもと》……37
竹本義太夫《たけもとぎだゆう》……44
立《た》ち回《まわ》り……36
立役《たちやく》……34
立女形《たておやま》……35
太夫《たゆう》……45
太郎冠者《たろうかじゃ》……23、24、27
近松門左衛門《ちかまつもんざえもん》……33、44
宙乗《ちゅうの》り……43
土蜘蛛《つちぐも》……12
釣狐《つりぎつね》……25
鶴屋南北《つるやなんぼく》……41
ツレ……9
寺子屋《てらこや》……15、47
田楽《でんがく》……6、7、14、46
天冠《てんかん》……13
東海道四谷怪談《とうかいどうよつやかいだん》……41、43
道成寺《どうじょうじ》……16
常磐津《ときわづ》……37
豊臣秀吉《とよとみひでよし》……47

な行《ぎょう》

長唄《ながうた》……37
奈落《ならく》……39
雷神不動北山櫻《なるかみふどうきたやまざくら》……34
二《に》の松《まつ》……11
二場物《にばもの》……17
二枚目《にまいめ》……34
女房《にょうぼう》……35
人形浄瑠璃《にんぎょうじょうるり》……44
人形《にんぎょう》つかい……44、45
能楽《のうがく》……22
能楽堂《のうがくどう》……10
能舞台《のうぶたい》……10
能面《のうめん》……12

は行《ぎょう》

白式尉《はくしきじょう》……12
羽衣《はごろも》……16
橋《はし》がかり……11
花道《はなみち》……39
はやし方《かた》……6、9、10
般若《はんにゃ》……12
美男《びなん》かずら……28
ひらかな盛衰記《せいすいき》　逆櫓《さかろ》……34
武悪《ぶあく》……29
『風姿花伝《ふうしかでん》』……5、14、15、47
笛柱《ふえばしら》……10
福王流《ふくおうりゅう》……16
福《ふく》の神《かみ》……27
老《ふ》け役《やく》……34
附子《ぶす》……26
『平家物語《へいけものがたり》』……8
弁慶格子柄《べんけいごうしがら》……33
弁天娘女男白浪《べんてんむすめめおのしらなみ》……41
棒縛《ぼうしばり》……21、26
宝生流《ほうしょうりゅう》……15、16
本舞台《ほんぶたい》……10

ま行《ぎょう》

回《まわ》り舞台《ぶたい》……38
見得《みえ》……36
御簾内《みすうち》……45
むきみぐま……36
無形文化遺産《むけいぶんかいさん》……19、47
夢幻能《むげんのう》……7、8、14
目付柱《めつけばしら》……11
物見窓《ものみまど》……11

や行《ぎょう》

役者絵《やくしゃえ》……33
屋号《やごう》……40
屋体《やたい》……45
大和猿楽《やまとさるがく》……15
ヤマトタケル……43
野郎歌舞伎《やろうかぶき》……33、47
幽玄《ゆうげん》……7、14
幽玄《ゆうげん》の美《び》……7、15
床《ゆか》……45
芳澤《よしざわ》あやめ……33
義経千本桜《よしつねせんぼんざくら》……42、44

ら行《ぎょう》

六方《ろっぽう》……36

わ行《ぎょう》

若女形《わかおやま》……35
若衆歌舞伎《わかしゅかぶき》……32
若衆役《わかしゅやく》……34
輪冠《わかんむり》……12
ワキ……9
ワキ方《かた》……8、16
脇柱《わきばしら》……10
和事《わごと》……33

参考文献

稲田和浩・著『日本文化論序説』彩流社
大修館書店編集部・編『社会人のためのビジュアルカラー国語百科』大修館書店
『改訂新版　最新国語便覧』浜島書店
足立直子ほか・監修『プレミアムカラー国語便覧』数研出版
加藤康子・監修『日本の古典大事典』あかね書房
三隅治雄『ポプラディア情報館　伝統芸能』ポプラ社
中村雅之・著『日本の伝統芸能を楽しむ　能・狂言』偕成社
矢内賢二・著『日本の伝統芸能を楽しむ　歌舞伎』偕成社
岩崎和子・著『日本の伝統芸能を楽しむ　文楽』偕成社
児玉信・著『日本の伝統芸能２　能と狂言』小峰書店
三浦裕子・著『面白いほどよくわかる能・狂言』日本文芸社
『ニッポンの伝統芸能　能・狂言・歌舞伎・文楽』枻出版社
野上記念法政大学能楽研究所・監修『大研究　能と狂言の図鑑』国土社
三浦裕子・監修『みれてみよう！　伝統芸能　狂言ってなんだ!?』ほるぷ出版
小田幸子・監修『マンガでわかる能・狂言』誠文堂新光社
『歌舞伎事典』平凡社
藤田洋・著『歌舞伎の事典　演目ガイド181選』新星出版社
漆澤その子・著『イチから知りたい　日本のすごい伝統文化　絵で見て楽しい！　はじめての歌舞伎』すばる舎
ほか

監修　文京学院大学外国語学部非常勤講師　稲田和浩（日本文化論、芸術学）
編集協力　有限会社大悠社
表紙写真　PIXTA
表紙デザイン　株式会社キガミッツ
本文デザイン　中トミデザイン
イラスト　森永みぐ、渡辺潔

いっしょに探検！　日本の伝統文化と芸術（全《ぜん》4巻《かん》）

❸能・狂言・歌舞伎を探検！

2025年4月　初版発行
発行者　岩本邦宏
発行所　株式会社教育画劇
〒151-0051 東京都渋谷区千駄ヶ谷5-17-15
TEL：03-3341-3400
FAX：03-3341-8365
https://www.kyouikugageki.co.jp
印刷　株式会社あかね印刷工芸社
製本　大村製本株式会社

48P NDC770 ISBN978-4-7746-2349-8
（全4冊セット ISBN978-4-7746-3327-5）

Published by Kyouikugageki, inc., Printed in Japan